LES

QUARTIERS DE L'EST

DE PARIS

ET LES

COMMUNES SUBURBAINES

QUARTIERS : de l'Arsenal — de la Roquette — Sainte-Marguerite — du Bel-Air — de Picpus — de Bercy — des Quinze-Vingts — de Belleville — Saint-Fargeau — du Père-Lachaise — de Charonne.

COMMUNES : de Vincennes — Saint-Mandé — Charenton — Saint-Maurice — Maisons-Alfort — Créteil — Saint-Maur — Joinville-le-Pont — Nogent — Fontenay — Montreuil — Bagnolet — les Lilas — Romainville.

PARIS. — IMPRIMERIE MORRIS PÈRE ET FILS
64, RUE AMELOT

Paris, ce mardi 11 janvier 1870.

M

Différents habitants de Saint-Mandé et de Charenton faisaient des démarches particulières pour obtenir, soit par voie de création nouvelle, soit par prolongation de ligne, un service d'omnibus allant jusqu'à l'**Asile impérial des convalescents**, par le centre de Saint-Mandé et autant que possible un autre service stationnant à la porte Daumesnil, **Entrée principale du Bois de Vincennes.**

Ces personnes s'étant mises en rapport entre elles, ont reconnu qu'il y aurait plus de force dans des tentatives collectives et précédées de réunions, où se feraient un échange d'idées, ainsi qu'une conciliation d'intérêts.

J'ai l'honneur de vous faire savoir que la première de ces réunions a été fixée au *Mercredi 19 Janvier courant*, à quatre heures *très-précises*, chez moi, rue de Rivoli, n° 5, et je viens vous prier d'y assister.

Nous serons heureux du concours que vous voudrez bien prêter à cette œuvre d'intérêt général.

Veuillez agréer, M mes civilités les plus distinguées.

MALARD,

Rue de Rivoli, 5.

Commission
des Propriétaires et habitants
des Quartiers de l'Est
de Paris
et des Communes Suburbaines.

Paris, le 5 Juillet 1870.

Monsieur,

J'ai l'honneur de vous inviter à vous rendre le 17 Juillet 1870 —
chez Mr Malard, propriétaire à Saint-Mandé, grande Rue N° 98.
pour prendre connaissance d'un ouvrage ayant pour titre :

Les Quartiers de l'Est
de Paris
et les Communes Suburbaines.

Agréez, Monsieur, mes salutations empressées.

Le Secrétaire,
Louis Lazare

LES

QUARTIERS DE L'EST DE PARIS

ET LES

COMMUNES SUBURBAINES

PAR

LOUIS LAZARE

EN VENTE :

U BUREAU DE LA BIBLIOTHÈQUE MUNICIPALE

Paris, Boulevard du Temple, 10,

ET A LA SUCCURSALE

Rue du Ratrait, 34 (*ancien Ménilmontant*)

1870

INTRODUCTION

Des propriétaires et de nombreux habitants des quartiers excentriques de Paris et des Communes à l'Est de cette ville se sont réunis en Commission à l'effet de s'entendre pour réclamer de l'administration municipale, au besoin de l'autorité supérieure, un certain nombre de créations d'une urgence constatée et dont la réalisation successive serait de nature à les assimiler aux arrondissements de l'Ouest de la Capitale.

Ils ont pensé qu'il était indispensable, pour se concilier de nombreuses adhésions, de confier à l'un des écrivains qui s'occupent le plus spécialement de questions édilitaires, la rédaction d'un mémoire qui serait l'expression vraie et bien sentie de leurs besoins et de leurs souffrances.

Honoré des suffrages de cette Commission, nous nous sommes mis à l'œuvre avec la bonne intention de remplir dignement la mission qui nous est confiée.

Avant d'énumérer les améliorations auxquelles les quartiers et les Communes de l'Est ont des droits légitimes, il nous paraît indispensable d'indiquer les déplacements successifs de la population de Paris aux différents âges de cette ville.

Nous dirons quelles ont été les causes qui amenèrent autrefois la prospérité de certains quartiers aujourd'hui déshérités, dans l'isolement ou dans l'ombre.

En remuant avec précaution la poussière des siècles éteints, on y trouve des parcelles d'or dont le présent doit profiter.

Arrivé à l'époque actuelle, nous rappellerons une à une les créations luxueuses chèrement improvisées en faveur des quartiers riches pour avoir le droit de réclamer des améliorations utiles au profit de nos quartiers pauvres.

LES

QUARTIERS DE L'EST DE PARIS

I

On sait que l'île de la Cité fut longtemps tout Paris. Saint Louis y possédait encore son habitation royale, qui devint plus tard le Palais de Justice. Lorsque Louis IX veut respirer à l'aise sans cesser d'être Roi, où va-t-il?

Au château de Vincennes, qui se dresse à l'Est de Paris; mais ce n'est pas pour s'enfermer dans de sombres murailles.

« Maintes fois, dit Joinville, ai vu que le bon » saint, après qu'il avoit ouï messe en été, il se » alloit esbattre au bois de Vincennes et seoit au » pied d'un chêne, et nous faisoit asseoir tout

» auprez de luy, et tous ceux qui avoient affaire » à luy venoient à luy parler, sans que aucun » huissier ni autre leur donnast empeschement. »

Sous Charles V, le palais du souverain, l'hôtel royal de Saint-Paul, se dresse sur le quai des Célestins, et pendant la saison d'été le Roi se rend à son *Séjour de Beauté*, sur les bords de la Marne, à *Saint-Maur-les-Fossés*.

Un des courtisans demandait un jour à Charles V d'où venait sa préférence pour le château de Beauté? « Parce qu'à l'orient de Paris, répondit » le Roi, l'air est plus pur et le sol plus abon» dant. »

Sous le règne de Louis XII, c'est le quartier Saint-Antoine qui est le préféré de la noblesse et de la fortune; Louis XII habite le palais des Tournelles, dont la place Royale occupe, depuis 1605, une partie des terrains.

Sur un ancien plan des environs de Paris, de l'année 1550, nous comptons à l'Est de la ville 127 châteaux princiers ou demeures seigneuriales dans un rayon de huit lieues en dehors de la ville, tandis que dans la partie opposée et dans la même zone il ne s'en trouve que 47.

La rue Saint-Antoine, qui donna son nom au quartier dont nous venons de parler, renfermait, de la place Baudoyer à la Bastille, 18 hôtels remarquables, tous habités par les premières familles de France. C'était encore la grande voie par excellence et celle qui payait sous Charles VIII et sous Louis XII les taxes les plus abondantes.

Cette prospérité ne tarda pas à décroître, lorsque François Ier construisit le Louvre. Alors les grands seigneurs et les courtisans se pressent autour de l'habitation royale. La rue Saint-Honoré jusqu'à la Croix-du-Trahoir (aujourd'hui rue de l'Arbre-Sec) éclipse la rue Saint-Antoine et devient la voie la plus commerçante de tout Paris.

Nous avons sous les yeux une ancienne gravure représentant une partie de la rue Saint-Honoré en 1580. Elle semble fière de ses hautes maisons à pignons historiés, aux façades couvertes de gracieuses figurines qui sourient aux passants. Elle compte avec satisfaction ses riches et gros commerçants posés sous leurs porches comme des obélisques chez les Égyptiens.

Six grandes corporations marchandes prospéraient alors dans Paris : *les Drapiers*, *les Épiciers*, *les Merciers*, *les Fourreurs*, *les Bonnetiers et les Orfèvres*.

Les *Drapiers* avaient pour armoiries un navire d'argent à la bannière de France, au champ d'azur, un œil en chef avec cette légende : *Ut cæteras dirigat*, parce que cette corporation, occupant le premier rang, dirigeait les autres. Leur bureau ou syndicat était situé dans la maison dite des *Carneaux*, ayant pour enseigne une couronne d'or.

Cette maison, qui avait son entrée dans la *rue des Bourdonnais*, était un démembrement de l'ancien hôtel de la Trémouille.

La rue des Bourdonnais touchait donc à la rue Saint-Honoré, la grande artère du haut commerce parisien.

Les *Épiciers* et *Apothicaires*, qui formaient la seconde corporation marchande, avaient, en outre, la garde de l'étalon royal des poids et mesures. Leurs armoiries étaient : coupé d'azur et d'or ; sur l'azur, la main d'argent tenant des balances d'or, et sur l'or deux nefs de gueules flottantes aux bannières de France, accompagnées de deux étoiles avec cette inscription : *Lances et pondera servant*, qui indique le dépôt des poids et balances confiés à leur loyauté. Le syndicat de l'épicerie était situé dans le *Cloître Sainte-Opportune*, voisin également de la rue Saint-Honoré.

La troisième corporation, celle des *Merciers*, était la plus considérable par le nombre de ses commerçants. Leurs armoiries étaient au champ d'argent chargé de trois vaisseaux, dont deux en chef et un en pointe. Ces vaisseaux, construits et mâtés d'or, portaient cette devise : *Te toto orbe sequemur* (nous te suivrons par tout l'univers).

Le bureau de la mercerie était situé *rue Quincampoix*, à proximité de la rue Saint-Honoré.

Les *Pelletiers* ou *Fourreurs* avaient leur syndicat dans la rue *Bertin-Poirée*, qui aboutissait à la rue Saint-Honoré. Leurs armoiries étaient : un agneau pascal d'argent au champ d'azur, à la bannière de France, pour supports, leurs hermines, et sur l'écu une couronne ducale.

Les *Bonnetiers* formaient la cinquième corporation. Dans l'ordonnance des métiers de Paris, ordonnance dressée en l'année 1390, on les appelle : *Aulmussiers, Bonnetiers et Chaperonniers de Paris*. Leurs armoiries étaient d'azur à cinq navires d'argent, à la bannière de France ; en chef une étoile d'or. Le syndicat des bonnetiers était établi dans le *Cloître Saint-Jacques-la-Boucherie*, qui touchait à la rue Saint-Honoré.

Les *Orfévres*, qui formaient la sixième corporation marchande, étaient considérés comme les plus distingués soit par leur ancienneté, soit par la nature de leur riche profession. Leurs armoiries étaient de gueules à croix d'or dentelée, accompagnée, au premier et au quatrième quartiers d'une coupe d'or, au deuxième et au troisième d'une couronne de même métal au chef d'azur, semé de fleurs de lis sans nombre avec cette légende : *In sacra inque coronas*, pour faire entendre que l'orfévrerie était principalement consacrée à la pompe du culte divin et à l'ornement de la majesté royale.

Le bureau ou syndicat des orfévres était situé dans la rue qui portait leur nom, où se trouvait un hôpital pour les ouvriers de leur profession.

Comme nous venons de le rappeler, les syndicats ou bureaux des six grandes corporations marchandes se trouvaient établis, dès le seizième siècle, dans les rues qui avoisinaient le courant commercial de Paris, c'est-à-dire dans la rue Saint-Honoré.

II

Sous Henri IV, un grand magistrat, le Prévôt des marchands, François Myron, avait compris combien le déplacement trop rapide de la fortune et du commerce, de l'Est à l'Ouest de Paris, pouvait entraîner de fâcheuses conséquences. Lorsque le Roi, bien inspiré, disait : « Je veux que les deux » parties de la ville, que sépare le fleuve de Seine, » soient traitées comme deux sœurs jumelles ; » le magistrat ajoutait : « Vous avez raison, Sire ; » il ne faut pas dans Paris, vostre Capitale, que les » gros soyent tous d'un costé et les menus de » l'autre ; il les vaut mieux mellangez. »

Ces sages principes administratifs furent mis en pratique. En même temps que de nombreuses constructions s'élevaient sur l'emplacement de l'ancien Pré-aux-Clercs pour former une partie du faubourg Saint-Germain, tout un nouveau quartier s'improvisait sur les anciens marais du Temple.

La Place Royale, ordonnée par lettres patentes de 1605, devenait le rendez-vous de la noblesse, le centre de la politesse et de l'urbanité française.

Tous ces grands hôtels, que nous voyons aujourd'hui silencieux et tristes, comment s'appelaient-ils autrefois ?

C'était : l'hôtel Sully, l'hôtel Videix, l'hôtel d'Aligre, l'hôtel de Rohan, l'hôtel Rotrou, l'hôtel Guémenée.

Pas un prince de Louis XIII, pas un poëte de Louis XIV ne manque à la galerie de la Place Royale. Tour à tour nous voyons passer sous ses arcades : le prince de Condé, Corneille, Marion Delorme, Turenne, Vincent de Paul, le cardinal de Richelieu, de Thou, Cinq-Mars, tout ce qui rappelle le génie, la beauté, le courage, la charité, la puissance et le malheur.

Après la mort de Henri IV et du sage prévôt, François Myron, le courant de la population riche et commerçante se porte plus rapidement vers l'Ouest de Paris. Ce déplacement s'accélère encore lorsque Richelieu fait bâtir, en 1629, son Palais-Cardinal sur l'emplacement des hôtels d'Armagnac et de Rambouillet.

La magnificence que Richelieu déploya dans ses fêtes, la richesse voluptueuse et galante de ses appartements lui eussent peut-être aliéné le cœur du Roi si jaloux de son ministre. Mais le rusé Cardinal sut faire disparaître cette cause de disgrâce en cédant à Louis XIII, par donation entre-vifs, son palais avec plusieurs meubles et bijoux d'un grand prix.

A cette cession calculée le Roi répondit : « Sa » Majesté ayant très-agréable la très-humble » supplication qui lui a été faite par le cardinal » de Richelieu d'accepter la donation de l'hôtel de » Richelieu, sa chapelle de diamant, le grand » buffet d'argent ciselé et le gros diamant... Sa » Majesté accorde à Claude Bouthillier la faculté » d'accepter. »

L'achèvement du Palais-Cardinal et l'ouverture de la rue Richelieu avaient entraîné la destruction de cette partie de l'enceinte, à l'Ouest de

Paris, et dont la construction remontait aux règnes de Charles V et de Charles VI. Alors les buttes des Moulins et Saint-Roch se couvrirent d'habitations destinées aujourd'hui à livrer passage à l'avenue Napoléon III. Enfin, dans une période de vingt années, 49 rues furent bâties à l'Ouest de Paris ; 17 seulement s'ouvrirent dans la partie opposée qui semble destinée, dès cette époque, à subir le rôle de victime.

Sous le règne de Louis XIV, le mouvement se continue toujours, et quand même, vers l'Ouest de Paris ; mais, cette fois, à proximité surtout des deux rives du fleuve.

Le couvent des Capucines est détruit, et sur son emplacement Jules Hardouin-Mansart construit la place Vendôme, tandis qu'un gentilhomme, François d'Aubusson, duc de la Feuillade, édifie la place des Victoires, pour ériger au beau milieu la statue de Louis le Grand.

A la même époque, on voit se construire, toujours sur la rive droite de la Seine, le quartier qu'on appela depuis quartier du Mail.

Sur la rive gauche, le quartier Saint-Germain s'étend démesurément à l'Ouest de la ville.

Sa Majesté avait dit : « Je voudrais voir sur » la rive gauche, pour faire vis-à-vis au Louvre, » une riche bordure de palais et d'hôtels prin- » ciers. »

Le nombre des voies publiques construites sous Louis XIV est de 123, savoir : 82 sur la rive droite, et 21 sur la rive gauche.

En opposant les rôles des taxes de l'année 1643 à ceux de 1715, on voit que, dans cette période, 2,898 maisons avaient été bâties ou construites dans Paris.

Les quartiers de l'Est ne figurent que pour 387 propriétés nouvelles, encore sont-elles relativement peu importantes. On appelait alors quartiers de l'Est les quartiers Saint-Paul, Sainte-Avoie, du Temple et Saint-Antoine, sur la rive droite. Ceux de la rive gauche étaient : la place Maubert et Saint-Benoît.

La déclaration du Roi, en date du 12 décembre 1702, avait divisé la ville entière en 20 quartiers.

Mais il est une magnifique création dont Louis XIV voulut étendre les bienfaits aux deux parties de sa Capitale. Dans l'intention du Roi, il s'agissait de substituer aux remparts qui entouraient Paris un magnifique boulevard circulaire, destiné à devenir, sur la rive droite, la plus belle promenade du monde.

Deux arrêts du Conseil d'État du Roi, datés des 7 juin 1670 et 17 mai 1671, ordonnèrent d'abord la construction d'un boulevard planté d'arbres, depuis la Porte Saint-Antoine, jusqu'à la Porte Saint-Denis. Un troisième arrêt du même Conseil prescrivit l'achèvement du boulevard de la rive droite jusqu'à la Porte Saint-Honoré, formant alors la limite de Paris au nord-ouest.

La pénurie d'argent, causée par la guerre que la France eut à soutenir contre l'Europe coalisée, empêcha la réalisation de la partie de ce beau projet concernant la rive gauche. Ce ne fut que par lettres patentes du 9 août 1760, que l'on entreprit la formation des boulevards du midi, qui sont au nombre de six, savoir : les *Boulevards de l'Hôpital*, *des Gobelins*, *Saint-Jacques*, *d'Enfer*, *du Mont-Parnasse et des Invalides*.

Il est utile d'ajouter que le tracé adopté pour ces voies publiques, sous Louis XV, diffère essentiellement du projet approuvé par Louis XIV, qui voulait faire commencer le boulevard circulaire de la rive gauche, au couvent de Saint-Victor (aujourd'hui Entrepôt des vins), suivre à peu près ensuite la direction actuelle de la rue des Écoles, pour atteindre la place de la Croix-Rouge, et se rattacher enfin à l'une des avenues que le Souverain projetait aux abords de l'Hôtel Royal des Invalides, et qu'on désigne maintenant sous le nom d'avenue de Tourville.

Mais les Boulevards, dont le génie de Louis XIV avait pressenti les brillantes destinées, se trouvaient alors aux extrémités de la ville et ne comptaient qu'un petit nombre d'habitations.

Le haut commerce suivait toujours les développements de la rue Saint-Honoré vers l'Ouest de Paris.

Des lettres patentes de février 1692 portent ce qui suit :

« L'affection singulière que nous avons pour
» notre cher et bien aimé frère unique *Philippe*,
» *fils de France*, duc d'Orléans, de Chartres,
» de Valois et de Nemours, nous portant à lui
» en donner des marques continuelles, nous
» avons résolu de lui accorder et délaisser, sous

» le titre et nature d'apanage, *la Maison et Hô-*
» *tel du Palais-Cardinal* et ses dépendances,
» situés à Paris, rue Saint-Honoré, donnés au
» feu Roi notre très-honoré seigneur et père,
» par feu notre cousin le cardinal duc de Riche-
» lieu, afin que notre dit frère et sa postérité
» masculine puissent y avoir un logement qui
» réponde à la grandeur de leur naissance, etc.....
» *Signé :* LOUIS. »

Cette donation fut très-favorable encore à la rue Saint-Honoré, ainsi qu'aux quartiers au nord du Palais Royal, qui se couvrirent bientôt d'habitations jusqu'aux nouveaux boulevards.

III

L'administration, sous Louis XV, commit une grande faute en reléguant dans un désert les boulevards commencés sur la rive gauche ; il fallait les rapprocher davantage du mouvement de la ville. Cette faute porta un coup mortel à la rive gauche. Elle accéléra les développements prodigieux et contre nature de la partie septentrionale, en déplaçant, à son profit trop exclusif, le centre de Paris qui serait demeuré dans les environs de l'Hôtel de Ville si l'on eût sauvegardé le véritable, le grand intérêt parisien.

L'exécution du boulevard Saint-Germain est appelée à corriger en partie, mais bien tardivement, cette fâcheuse erreur administrative.

Toutefois, les accroissements de Paris, sous le règne de Louis XV, furent considérables. En 1717, l'enceinte de la ville renfermait près de 1338 hectares. Le bourg du Roule fut érigé, en 1722, en faubourg de Paris, et l'on commença, vers cette époque, la construction du quartier Gaillon, connu, de nos jours, sous le nom de la Chaussée-d'Antin.

Le nombre des rues nouvelles s'élève à 88, savoir : 53 sur la rive droite, 35 sur la rive gauche. Quant aux quartiers de l'Est, ils demeurent stationnaires.

Une des causes qui paralysèrent l'extension de cette partie de la ville provenait du barrage que la forteresse de la Bastille opposait à la circulation ; c'était pour ainsi dire une immense borne à l'entrée du faubourg Saint-Antoine.

Parmi les établissements qui datent de cette époque, il faut citer en première ligne celui de l'*École Militaire*. Le préambule de l'édit de janvier 1751, portant création de cet établissement, est un acte qui mérite d'être rapporté. — Le Roi s'exprime en ces termes :

« Après l'expérience que nos prédécesseurs et » nous avons faite de ce que peuvent sur la noblesse française les seuls principes de l'honneur, que ne devrions-nous pas en attendre, si » tous ceux qui la composent y joignaient les lumières acquises par une heureuse éducation ! » Mais nous n'avons pu envisager sans attendrissement que plusieurs d'entre eux, après » avoir consommé leurs biens à la défense de » l'État, se trouvassent réduits à laisser sans » éducation des enfants qui auraient pu servir » d'appui à leurs familles et qu'ils éprouvassent » le sort de vieillir et de périr dans nos armées, avec la douleur de prévoir l'avilissement » de leur nom dans une postérité hors d'état d'en » soutenir le lustre, etc. Nous avons résolu de fon-

» der une *École Militaire* et d'y faire élever, sous
» nos yeux, cinq cents gentilshommes, nés sans
» biens, dans le choix desquels nous préférerons
» ceux qui, en perdant leurs pères à la guerre,
» sont devenus les enfants de l'État. Nous espé-
» rons même que le plan qui sera suivi dans l'é-
» ducation des cinq cents gentilshommes que
» nous adoptons servira de modèle aux pères
» qui sont en état de la procurer à leurs enfants ;
» en sorte que l'ancien préjugé qui a fait croire
» que la valeur seule fait l'homme de guerre,
» cède insensiblement au goût des études mili-
» taires que nous aurons introduit. Enfin, nous
» avons considéré que si le feu Roi a fait con-
» struire l'Hôtel des Invalides pour être le terme
» honorable où viendront finir paisiblement leurs
» jours ceux qui auraient vieilli dans la profes-
» sion des armes, nous ne pouvons mieux secon-
» der ses vues qu'en fondant une école où la
» jeune noblesse, qui doit entrer dans cette car-
» rière, puisse apprendre les principes de la
» guerre, etc. C'est sur des motifs si puissants
» que nous nous sommes déterminé à faire bâ-
» tir, auprès de notre bonne ville de Paris et

» sous le titre d'*École Militaire*, un hôtel assez » grand et assez spacieux pour recevoir, non-» seulement les cinq cents gentilshommes nés » sans biens pour lesquels nous le destinons, » mais encore pour loger les officiers de nos » troupes, auxquels nous en confierons le com-» mandement, les maîtres en tous genres qui se-» ront préposés aux instructions et exercices, et » tous ceux qui auront une part nécessaire à » l'administration spirituelle et temporelle de » cette maison ; à ces causes, etc.

» *Signé :* Louis. »

Au règne de Louis XV se rattache également la création de l'*Hôtel des Monnaies*, sur l'emplacement de l'hôtel de Conti, dont la ville avait fait l'acquisition en 1750, dans le dessein d'y construire un nouvel Hôtel de Ville.

L'*Hôpital Militaire* du Gros-Caillou, l'*Académie de Chirurgie* et l'*École de Droit* sont des fondations qui remontent aussi au règne de Louis XV, durant lequel les étrangers et les riches continuent de se porter en plus grand nombre dans les quartiers de l'ouest de la ville.

L'administration municipale, sous Louis XVI,

a été pour nous le sujet de patientes études. Parmi les créations auxquelles l'humanité du Roi sut imprimer un caractèrereligieux et bienfaisant, citons l'*Institution des Sourds-Muets*, le *Mont-de-Piété*, les *Jeunes Aveugles*, le *Bureau des Nourrices*, l'*hôpital Necker*, l'*hôpital Beaujon*, l'*hôpital du Midi*, l'*hospice Cochin*, l'*hospice de La Rochefoucauld*.

Les établissements scientifiques et d'utilité publique furent également nombreux sous cette royauté.

L'*École des Mines* est fondée en vertu d'un arrêt du conseil, à la date du 17 mars 1783.

L'*École des Ponts et Chaussées*, précédemment créée, ne prend une véritable consistance et ne rend des services réels qu'à partir de cette époque et par les soins de l'ingénieur Perronnet.

Les bâtiments de l'*École de Médecine et de Chirurgie* sont construits sous Louis XVI, qui en pose la première pierre le 4 décembre 1774.

Cette royauté n'avait alors que six mois d'existence, et l'on voit qu'elle était productive.

L'*École Royale de Chant et de Déclamation*

date de 1784 ; elle est fondée par arrêt du conseil du 3 janvier, sur la proposition du baron de Breteuil.

La *Société Royale d'Agriculture* avait été créée par arrêt du conseil d'État à la date du 1er mars 1761, c'est-à-dire sous Louis XV ; mais sa véritable organisation appartient au règne de Louis XVI. Un arrêt du conseil du 3 mai 1788 fait de la ville de Paris le centre de correspondance des autres Sociétés d'agriculture établies en France.

L'approvisionnement régulier et abondant de la ville devait être et fut toujours l'objet de la tendre sollicitude du roi Louis XVI.

Le *Marché Beauvau*, dans le faubourg Saint-Antoine, est créé par arrêt du conseil du 17 février 1777.

Le *Marché des Innocents* est établi sur l'emplacement de l'ancien cimetière de ce nom. Dans l'arrêt du conseil du 9 novembre 1785, nous remarquons les passages suivants : « Sa Majesté, » toujours attentive à ce qui peut être utile aux ha- » bitants de sa bonne ville de Paris, a déterminé » de transférer le *Marché aux herbes et lé-*

» *gumes* dans le terrain connu sous le nom de » cimetière des Saints-Innocents, déclaré do- » manial par arrêt du 26 octobre 1785. Ce ter- » rain a paru d'autant plus convenable à cette » destination que, se trouvant à la proximité des » Halles dont il formera la continuation, il pro- » curera aux habitants l'avantage de trouver » réunis dans un même arrondissement les den- » rées nécessaires à leur consommation. »

Dans nos archives municipales existe un mémoire sur cette question si intéressante de l'approvisionnement de Paris ; ce mémoire porte la signature de Turgot.

Ce ministre qui traduisait les paternelles intentions du roi Louis XVI, tout en reconnaissant pour Paris la nécessité d'une halle contrale d'approvisionnement, propose un système d'ensemble ayant pour but de créer *douze marchés* dans les quartiers excentriques, à l'effet d'épargner à la classe laborieuse qui commençait à se porter aux extrémités de la ville la longueur du trajet à la grande Halle.

Il est un autre établissement qui fait honneur au règne de Louis XVI. La *pompe à feu de*

Chaillot fut construite en 1785. C'est la première application sur une grande échelle, de la vapeur, cet agent d'une puissance si merveilleuse.

Le *pont de la Concorde* date aussi de cette époque. Il fut construit en vertu d'un édit du mois de septembre 1786, et désigné sous le nom de pont Louis XVI.

Les constructions dans Paris furent également favorisées sous ce règne. De 1774 à 1793, d'après un relevé officiel, 139 rues furent ouvertes dans Paris. Les constructions qui s'élevèrent pendant cette période sont au nombre de 7,754, ayant occasionné une dépense de 298,160,000 fr.

Voici les noms des principales rues ouvertes à cette époque : rues du Helder, Buffault, des Trois-Frères, Martel, du Houssay, Neuve-de-Berri, de Ponthieu, de Caumartin, Choiseul, d'Amboise, Favart, de Fleurus, Grétry, Joubert, Neuve-Saint-Marc, Montholon, de Hanovre, de Sainte-Croix, de Marivaux, Richer, d'Enghien, de Buffon, de Madame (en partie), Mandar, Neuve-des-Mathurins, Lully.

La désignation de ces voies publiques démontre l'accroissement considérable des constructions, principalement à l'ouest de Paris. Nous en expliquerons les causes à la fin de ce chapitre.

Pendant que les étrangers et les riches improvisaient les quartiers de la Chaussée-d'Antin et de la Madeleine, le haut commerce se groupait autour du Palais-Royal, qui allait se transformer en un immense bazar.

Voici à ce sujet un document officiel qui n'est pas sans intérêt.

13 AOUT 1784. — *Lettres patentes qui permettent à Monseigneur le duc de Chartres d'accenser les terrains et bâtiments du Palais-Royal, parallèles aux rues des Bons-Enfants, Neuve-des-Petits-Champs et de Richelieu.*

Louis et... notre très-cher et bien-aimé cousin, Louis-Philippe-Joseph d'Orléans, duc de Chartres, prince de notre sang nous auroit représenté... qu'il possède à titre d'apanage *le Palais-Royal* et le jardin qui en fait partie, qu'il auroit pensé que ce jardin seroit plus agréable et plus commode s'il était environné, le long des trois côtés parallèles aux rues des Bons-Enfants, Neuve-des-Petits-Champs et de Richelieu, de galeries couvertes pratiquées dans des maisons uniformes ornées de pilastres et autres décorations d'architecture analogues à la façade qu'il a commencé d'élever sur le même jardin, parallèlement à la rue Saint-Honoré, pour perfectionner, agrandir et améliorer ledit palais suivant les plans géométriques et d'élévation de *Louis*, architecte... que le seul moyen d'achever ce projet seroit de pouvoir se rembourser de ses avances en accensant le sol des dites maisons sur les trois côtés ci-dessus, à raison de vingt sols par chaque toise de redevance annuelle dans la directe du dit apanage... à ces causes, nous avons par ces présentes signées de notre main, permis et permettons à notre dit cousin, le duc de Chartres, d'accenser les dits terrains contenant le tout 3,500 toises.

Données à Versailles, le **13**^{me} jour d'août, l'an de grâce **1784**, et de notre règne le **11**^{me}.

Signé : Louis.

Les trois galeries s'élevèrent sous la direction de *Louis*, architecte déjà célèbre par la construction du magnifique théâtre de Bordeaux. Toutefois le duc de Chartres, devenu duc d'Orléans, eut un procès à soutenir contre les habitants des maisons voisines, que le prince privait de la vue du jardin et qu'il enterrait dans des rues obscures et sans air.

Le public prit parti contre le duc. On était irrité depuis le combat naval d'Ouessant, célébré d'abord comme une victoire, déploré ensuite comme une défaite. Aussi le couplet suivant fut-il affiché sur la porte même du Palais-Royal.

Le prince des gagne-deniers,
Abattant des arbres antiques,
Nous réserve sous ces portiques,
A travers de petits sentiers,
L'air épuré de ses boutiques
Et l'ombrage de ses lauriers.

Le jour où l'on couvrit les nouvelles constructions, les plaisants dirent : le duc d'Orléans a mis le *comble* à ses sottises. — La guerre finit après ce calembour.

Sous le règne de Louis XVI, au mois de mai 1784, fut commencée la 9e *enceinte* de Paris, dite des *Fermiers généraux*.

Rappelons les différentes enceintes de Paris jusqu'à nos jours.

			hect.	ares.	cent.	ou mètres.
1re	clôture,	sous Jules César, 56 ans avant notre ère.	15	23	07	152,307
2e	—	sous Julien, en 358 et 375.............	38 —	78 —	48 —	387,848
3e	—	sous Philippe-Auguste, en 1190 et 1211.....	252 —	86 —	33 —	2,528,633
4e	—	sous Charles V et Charles VI, en 1367 et 1383..............	439 —	17 —	20 —	4,391,720

5e clôture, sous François Ier et Henri II, en 1553 et 1581...............	483	— 60	— 13	— 4,836,013
6e — sous Henri IV........	567	— 81	— 78	— 5,678,178
7e — sous Louis XIV, en 1671 et 1686............	1,103	— 89	— 75	—11,038,975
8e — sous Louis XIV et Louis XV, en 1715 et 1717	1,337	— 07	— 25	—13,370,725
9e — sous Louis XVI, en 1788	3,370	— $33\frac{3}{4}$	— 07	—33,703,307

(Sous Louis XVIII, l'enceinte s'est accrue de 32 hect. 4 ares ou 324,000 m.)

1° par la réunion, en 1818, du petit village d'Austerlitz, de..	137,100
2° par le changement, vers la même époque, du mur d'enceinte, entre les barrières de Fontarabie et des Rats..	6,900
Soit............	324,000
Dont à déduire pour la modification, en 1850, du mur d'enceinte entre les barrières de Bercy et de Charenton, opérée lors de l'établissement du chemin de fer de Lyon..	1,700
Reste.............	322,300

Si l'on ajoute ce chiffre à celui de la 9e clôture, on reconnait que la superficie de la Capitale était, au 31 décembre 1859, de 3,402 h., 56 ares, 07 cent ou 34.025,607 mètres.

	hect.		mèt.
10e clôture, sous Napoléon III, en 1860,	7,802	ou	78,020,000.

(Cette superficie est calculée jusqu'au pied du glacis).

La circonférence intérieure de l'enceinte continue, en suivant la rue Militaire et en comprenant les 2 larguers de la Seine, est de 33,330 mètres ou 8 lieues 1/4.

La circonférence extérieure en suivant l'extrémité des glacis et en comprenant aussi les 2 largeurs de la Seine, est de 34,530 m. ou 8 lieues 3/4.

Revenons à la 9e enceinte dite des Fermiers

généraux. La population de Paris était-elle devenue trop considérable en 1784 et craignait-on que Paris ne débordât comme un vase trop plein? Pas le moins du monde. Il n'y avait dans cette extension qu'un seul intérêt bien constaté ; un intérêt d'argent.

Les Fermiers généraux voulaient arrêter les progrès de la contrebande pour faire payer les droits d'entrée dans Paris au plus grand nombre possible de consommateurs. Les Parisiens firent éclater leur mécontentement en fusées d'épigrammes et de plaisanteries dans le genre de celles-ci :

Le mur murant Paris rend Paris murmurant.

Pour augmenter son numéraire
Et raccourcir notre horizon,
La Ferme a jugé nécessaire
De mettre Paris en prison.

La ville de Paris, lors de l'achèvement de l'enceinte des Fermiers généraux, ne comptait pas 600,000 habitants.

Voyons quelles étaient les principales agglomérations des différentes classes dont se composait sa population.

Sur la rive droite de la Seine, les étrangers et les riches se portaient de préférence dans la Chaussée-d'Antin et vers le faubourg Saint-Honoré.

Sur la rive gauche, la noblesse affectionnait, depuis un siècle surtout, le faubourg Saint-Germain. Les couvents et les écoles dominaient au midi de la ville.

Le haut commerce et l'aisance qui l'accompagne s'étaient concentrés autour du Palais-Royal ainsi que dans les rues St-Denis et Saint-Martin.

Quant aux ouvriers et aux artisans, ils étaient entassés soit dans les ruelles de la Cité, soit dans les bouges qui bloquaient pour ainsi dire l'Hôtel de Ville. On les voyait également en grand nombre dans les vieux quartiers du Marché Saint-Jean, des Arcis, du Mont-de-Piété et Sainte-Avoie.

Paris souffrait d'un anévrisme du cœur.

La ville s'était considérablement augmentée, principalement dans la partie nord-ouest, mais

Paris ne s'était pas amélioré et les vieux quartiers demeuraient tels que le moyen âge les avait faits, alors que la population ne dépassait pas 300,000 habitants.

L'Administration municipale de la fin du dix-huitième siècle semblait avoir oublié depuis longtemps les sages principes formulés en ces termes par le Prévôt des marchands, François Myron : « *Il ne faut pas, dans Paris, que les gros soyent d'un côté et les menus de l'autre, il les vaut mieux mellangez.* »

Pourquoi le système administratif était-il, en 1780, la contre-partie de celui de 1605? C'est qu'à la première de ces deux époques, l'Édilité parisienne prospérait en pleine séve de libertés, de franchises municipales, tandis qu'en 1780, et depuis plus d'un siècle, elle n'était que l'émanation du Pouvoirqu'on ne peut éclairer lorsqu'on doit toujours lui obéir.

Sous Henri IV, et depuis l'origine de la monarchie, l'autorité royale n'intervenait en aucune façon dans l'élection du Prévôt des marchands et des Échevins.

Ce n'est qu'en 1668 que Louis XIV désigna,

pour la première fois, *le personnage qui lui étoit le plus agréable* pour exercer cette magistrature municipale. Cet exemple fut malheureusement suivi au grand détriment du pouvoir royal, comme au préjudice de la Prévôté, sa meilleure auxiliaire lorsqu'elle était indépendante.

Voici, au sujet de cette malencontreuse intervention copie d'une lettre adressée au bureau de la ville.

A nos chers et bien-amés les Prévôt des marchands et Échevins, Quarteniers, Dizainiers et Cinquanteniers de notre bonne ville de Paris.

De par le Roi,

Très-chers et bien-amés,

Voulant pourvoir à ce que la charge de Prévôt des marchands de notre bonne ville de Paris que notre amé et féal le sieur *de Lamichodière*, Conseiller ordinaire en notre Conseil d'État, exerce depuis plus de six ans d'une manière si digne de notre confiance, soit remplie par une personne qui puisse s'en acquitter avec le même zèle pour notre service, maintenir l'ordre et concourir à tout ce qui peut concerner l'avantage de notre ville, nous avons fait choix de notre amé et féal le sieur *Lefebvre de Caumartin*, Conseiller en tous nos conseils, maître des requêtes honoraire de notre hôtel qui, dans toutes les charges et emplois dont il a ét successivement revêtu, et particulièrement dans les intendances de Metz et de Lille, nous a toujours donné des preuves de son zèle invariable pour notre service et de notre intention sur tout ce qui pouvait intéresser le bien public, nous *désirons* que, dans l'assemblée qui doit être tenue au mois d'août 1778, pour procéder à l'élection dudit Prévôt des marchands, vous *ayez* à donner vos voix au sieur Lefebvre de Caumartin, afin que, par vos sufffrages et selon la forme accoutumée, il soit élu à ladite charge, si n'y faites faute, car tel est notre plaisir.

Donné à Versailles, le 16 mai 1778.

Signé : LOUIS.

Comme on le voit par cette missive, il n'y avait plus à l'Hôtel de Ville, qu'un simulacre d'élection du premier Magistrat de Paris.

Ce fut un grand malheur pour le roi Louis XVI que cette violation de nos franchises municipales dont la faute remonte au règne de Louis XIV.

Si Louis XVI avait restitué aux Parisiens leurs anciennes franchises municipales, il eût rattaché solidement la bourgeoisie à la royauté. Mais en se voyant frustrés d'un droit d'élection plus de douze fois séculaire, en se voyant écartés de l'administration de leur ville bien-aimée et privés de la défense de leurs intérêts, du rayonnement de leur intelligence, les Parisiens se vengèrent par la désaffection.

Lorsque la Royauté fut battue en brèche, elle ne trouva plus de défenseurs dans cette bourgeoisie qui, mieux traitée, eût opposé un barrage au flot populaire.

Paris fut administré par des hommes politiques bien intentionnés sans doute, très-désireux de plaire au Roi, mais sans influence, sans action, sans crédit sur les Parisiens.

Aussi, lorsque la Révolution éclata, la Prévôté des marchands en fut la première victime et la Royauté la seconde.

IV

La ville de Paris ne reçut qu'un petit nombre d'améliorations sous la République.

Tout entière à la politique, tiraillée par des divisions intestines, la Commune de Paris consacrait à peine quelques instants aux différents services composant l'Administration municipale.

Toutefois une pensée hardie, empreinte de génie, éclaira pour un temps le service des grands travaux de la Ville. Si cette pensée avait été traduite avec intelligence, sans être subordonnée aux passions fiévreuses du moment, elle eût transformé en peu d'années le vieux Paris.

Le 2 novembre 1789, l'Assemblée Constituante supprimait les ordres monastiques et déclarait les biens du clergé propriétés nationales et aliénables.

A cette époque, on comptait dans Paris : 3 abbayes d'hommes, 6 de femmes, 43 couvents ou communautés d'hommes, 65 couvents ou communautés de femmes, 69 églises dépendant de communautés religieuses, 39 chapelles publiques et 53 colléges. Plusieurs de ces établissements surpassaient en étendue nos villes de quatrième ordre.

Mais il était difficile alors de trouver des acquéreurs pour des domaines aussi vastes, car les grandes fortunes se cachaient ou fuyaient à l'étranger.

Pour rendre possible l'aliénation fructueuse de ces anciennes maisons religieuses, il fallut songer à les morceler. Sur cette importante question un rapport fut rédigé au nom des quatre administrateurs de la municipalité au département des Travaux publics.

Ce rapport, présenté au Corps municipal, motiva la déclaration suivante :

Séance du lundi 21 *mars* **1791.**

N° 385. — Sur le rapport fait par M. Champion, administrateur au département des Travaux publics, que la vente des biens nationaux est une occasion capable de faciliter l'embellissement de Paris ou la commodité des communications, qu'il peut même en résulter de l'avantage pour l'aliénation d'une grande partie des biens à vendre, soit en coupant et divisant les grandes masses de ces biens, soit en donnant des faces sur des rues à des parties qui sont sans débouchés; que plusieurs projets ont été remis au département des Travaux publics, capables d'accomplir ce triple objet de l'embellissement, de l'utilité et daugmentation du prix des ventes.

Le Corps municipal, ouï le substitut adjoint des Procureurs de la Commune, pénétré de l'utilité des vues contenues dans ce rapport, a arrêté : Qu'il serait envoyé au Directoire, avec les plans présentés par la municipalité et au département des Travaux publics, en le priant de le prendre en considération.

Cette délibération donna bientôt naissance à la commission des Artistes, instituée par un décret de la Convention Nationale du 4 juin 1793.

Sur le grand plan de Verniquet furent tracés de nombreux projets de voies publiques dont l'exécution eût facilité très-heureusement la transformation de Paris.

Pour se former une opinion exacte des importantes améliorations qui devraient résulter de l'aliénation des domaines nationaux avec des réserves, soit pour les percements des nouvelles voies, soit pour l'élargissement des anciennes rues, il est utile de rappeler que l'État possédait alors la huitième partie de tout l'emplacement occupé par la ville de Paris, c'est-à-dire plus de 4,400 immeubles.

Ces réserves, qui devaient être si précieuses pour l'assainissement de Paris, ne furent exhumées des cartons de la Ville, avec ensemble et précaution, qu'en 1839. Pour une partie de ces clauses trop longtemps oubliées, cette exhumation tardive devenait sans objet. L'Administration, insouciante de ses richesses, avait permis de construire sur l'emplacement d'un grand nombre de rues projetées et dont les terrains devaient être abandonnés GRATUITEMENT à la voie publique.

Il en fut de même pour les élargissements de rues, ces réserves, en grand nombre furent frappées de stérilité, l'Administration municipale payant bénévolement des terrains qui devaient être livrés sans INDEMNITÉ.

Les quartiers de l'Est de Paris souffrirent cruellement de cette négligence par la privation de plusieurs voies publiques dont l'exécution eût porté le mouvement et la vie dans d'immenses emplacements qui souffrent encore aujourd'hui de cette coupable négligence.

V

Cet abandon déplorable dans lequel on avait laissé depuis des siècles ces quartiers déshérités impressionna vivement Napoléon Ier.

Aussi l'Empereur voulait-il qu'on leur accordât de justes réparations.

Dans le grand ouvrage ayant pour titre : *Cor-*

respondance de Napoléon Ier, on lit, à la page 503, volume XVI :

« Sa Majesté charge le Ministre de l'intérieur » de faire tracer, dès ce moment, l'alignement » des quais entre le pont d'Austerlitz et la bar- » rière de la Râpée jusqu'aux boulevards neufs. » Ce quai sera une sorte de boulevard avec six » rangées d'arbres.

» Elle désire que le projet de décret et les » plans sur l'entrepôt soient présentés samedi » prochain au Conseil d'administration ; que, » dans le même Conseil, le Ministre lui présente » *les plans des promenades à faire au faubourg* » *Saint-Antoine, à* L'INSTAR DES CHAMPS-ÉLYSÉES... » (19 mars 1808). »

Ce document témoigne de tout l'intérêt que l'Empereur portait à cette partie de la Ville. Souvent Napoléon traversait à cheval le faubourg Saint-Antoine, et plusieurs fois le Souverain avait manifesté l'intention d'améliorer, en l'égayant, cette ruche parisienne.

Les quartiers de l'Est se plaignaient souvent d'être laissés dans l'ombre faute d'éclairage. Les entrepreneurs comptaient un peu trop sur la lune et se dispensaient d'allumer les réverbères, principalement dans les rues qui débouchaient dans le faubourg Saint-Antoine. Mais comme la lune n'était pas partie contractante dans le traité avec la Ville, parfois cet astre se dérobait, refusant de se montrer complice de cette parcimonie fâcheuse pour le public, mais très-lucrative pour les entrepreneurs. Enfin, le plus clair de la question, c'est qu'on n'y voyait goutte, surtout aux confins de l'ancien 8e arrondissement. Les habitants adressaientpétition sur pétition au Ministre, au Préfet de police, au Préfet de la Seine ; pas de réponse.

Ces pétitions étaient enfermées méthodiquement dans des petites tombes, qu'on appelle encore aujourd'hui des cartons à l'Hôtel-de-Ville.

L'Empereur n'était pas alors à Paris ; qu'importe? Les habitants, réunis en commission, nommèrent des délégués chargés d'aller trouver Napoléon, fût-il aux Colonnes d'Hercule. Le 20 mai 1807, les délégués atteignirent l'Empereur, lui expliquèrent leur réclamation. Le lendemain, Napoléon signait la dépêche suivante :

A M. FOUCHÉ,

Finkenstein, 21 mai 1807.

Le non-éclairage de Paris devient une dilapidation; il faut porter enfin un terme à un abus dont le public commence à se plaindre.

NAPOLÉON.

(*Correspondance de Napoléon Ier*, vol. IV, page 315.)

Le surlendemain, l'Empereur s'était dit sans doute : Je crois avoir été trop doux à l'égard des entrepreneurs de l'éclairage de Paris, et tout de suite Sa Majesté dictait cette seconde dépêche :

A M. FOUCHÉ,

Les entrepreneurs des lumières sont des fripons qui s'imaginent bien éclairer les rues de Paris lorsqu'ils ont payé les bureaux du Préfet de police. Je vous prie de porter un grand soin pour que cette partie importante du service de la Capitale soit bien administrée.

(Même volume, page 323.)

La question si intéressante de la *distribution des Eaux* était souvent le sujet de la sollicitude de l'Empereur.

Dans une lettre de Napoléon au Ministre de l'intérieur, on lit ce qui suit :

La Malmaison, 10 avril 1806.

M. Cretet... il est honteux, dans mon opinion, qu'on vende l'eau aux fontaines de Paris. Faites-moi connaître ce que perdrait la Commune de Paris par la suppression de ce droit. Enfin, le but auquel je veux arriver est que les cinquante-six fontaines de Paris *coulent jour et nuit*, depuis le 1er mai prochain, et que chacun puisse en prendre autant qu'il en veut; que les autres fontaines qui existent à Paris, soient le plus tôt possible mises en état de fournir de l'eau. Il me semble que ce sera un bien réel pour Paris si cela peut s'exécuter aussi facilement que je commence à le concevoir.

NAPOLÉON.

(*Correspondance de Napoléon Ier*, vol. XII, page 322.)

L'Empereur aimait par-dessus tout en administration les études d'ensemble. En ce qui concernait l'approvisionnement de la Ville de Paris, il avait été frappé du fâcheux inconvénient du mode d'éparpillement qui avait prévalu jusqu'alors. Un jour le comte Frochot soumit à Napoléon un projet pour l'agrandissement des *Halles centrales*.

« Avez-vous étudié, monsieur le Préfet, demanda l'Empereur, un bon système d'approvisionnement de la Ville de Paris? »

Comme le Magistrat s'excusait en disant qu'il avait songé seulement à la Halle du centre.

« Votre Halle, répliqua l'Empereur, ne satisfera pas à tous les besoins qui s'accusent. La femme de l'ouvrier, la bonne ménagère qui habite le faubourg Saint-Antoine ou le faubourg du Roule, ne perdra pas deux heures pour aller à votre Halle du centre. Multipliez vos marchés d'arrondissement; mettez-en un ici, là, partout où l'ouvrier le demande, où la bonne ménagère le réclame. »

Et comme l'Empereur entendait être obéi lorsqu'il donnait des ordres, *les marchés Saint-Germain, Saint-Martin, des Carmes et des Blancs-Manteaux* furent successivement construits.

Sur les 290 églises ou chapelles qu'on voyait dans Paris avant la Révolution, plus de 200 furent vendues comme propriétés nationales et tombèrent pour la plupart sous le marteau des démolisseurs. Celles qu'on avait épargnées étaient affectées à des services publics : on faisait de la poudre à canon dans Saint-Séverin ; Sainte-Élisabeth servait de magasin à farine ; un club de maçons, habitants de la rue de la Mortellerie, tenait ses séances dans Saint-Gervais ; enfin, une réunion de tricoteuses s'était emparée de Saint-Eustache.

Parvenu au Consulat, Napoléon rendit au culte tous nos anciens édifices religieux.

Dans le mois d'avril 1804, l'Empereur visita plusieurs fois la cathédrale avec le comte Frochot, Préfet de la Seine :

« Je veux, dit Napoléon un jour au Magistrat, qu'on dégage la basilique de Notre Dame, qu'on donne de l'air à cette aïeule de nos églises, la plus belle comme la plus vénérable. Je crois en Dieu, monsieur le Préfet ; je ne le discute pas, je le sens. Le peuple de Paris, le plus impressionnable de tous les peuples, est catholique par les yeux comme par le cœur. Il s'ennuierait dans les temples froids et monotones des protestants. Il lui faut la majesté des grandes basiliques ornées de tableaux, peuplées de statues. Le protestantisme fait des penseurs, des philosophes et des savants ; le catholicisme enfante des héros, des poëtes et des artistes. Dès que j'entre dans une antique et imposante cathédrale, j'éprouve comme un frémissement de la Divinité. »

Napoléon revenait souvent à l'amélioration des quartiers de l'Est de Paris. Il se préoccupait des *places publiques* de cette partie de la Ville qu'on laissait dans un abandon fâcheux, tandis qu'on prodiguait des décorations luxueuses à celles qu'on voyait à l'Ouest de la Capitale.

Voici plusieurs lettres qui témoignent de cette vérité :

A M. de CHAMPAGNY,

Paris, le 1er février 1806.

... Vous emploierez le million destiné aux travaux de Paris, de la manière suivante : 500,000 francs pour les travaux à faire cette année au Panthéon, et 500,000 francs pour l'érection d'*un Arc-de-Triomphe* à l'entrée du boulevard, près du lieu où était la Bastille, de manière qu'en entrant dans le faubourg Saint-Antoine on passe sous cet Arc-de-Triomphe.

NAPOLÉON.

(Même correspondance, volume XII, page 75.)

Des objections ayant été faites au sujet de cet Arc-de-Triomphe, l'Empereur écrivit quelques mois après au ministre :

Saint-Cloud, 9 mars 1806.

M. Champagny... après toutes les difficultés qu'il y

a à placer l'Arc-de-Triomphe sur la place de la Bastille, je consens qu'il soit placé du côté de la grille de Chaillot à l'Étoile, sauf à remplacer l'Arc-de-Triomphe sur la place de la Bastille par *une belle fontaine* pareille à celle qu'on va établir sur la place de la Concorde.

NAPOLÉON.

(Même correspondance, volume XII, page 444.)

Dix-huit mois après, l'Empereur, qui était alors en Espagne, se préoccupait parfois des embellissements de la Ville de Paris, et Napoléon écrivait encore, au sujet de la place de la Bastille, la lettre qui suit :

A M. CRETET, ministre de l'intérieur, à Paris.

Madrid, 21 décembre 1808.

J'ai vu par les journaux, que vous avez posé la première pierre de la Bastille. Je suppose que l'éléphant sera au milieu d'un vaste bassin rempli d'eau, qu'il sera très-beau et dans de telles dimensions qu'on puisse entrer dans la tour qu'il portera. Qu'on voie comme les anciens la plaçaient et de quelle manière ils se servaient des éléphants. Envoyez-moi le plan de cette fontaine. Faites faire le projet d'une fontaine qui représentera une belle galère trirème, celle de Démétrius par exemple, qui aura les mêmes dimensions que les trirèmes des anciens.

NAPOLÉON.

(Même correspondance, volume XVIII, page 164.)

Sous la Restauration, les travaux de Paris sont poussés avec activité. De 1814 à 1830, 132 voies publiques ont été créées dans la Capitale. C'est à partir de l'administration du comte Chabrol que cette belle ligne de nos boulevards intérieurs a déplacé, à son profit, ce commerce de luxe dont les riches magasins du Palais-Royal avaient eu le monopole.

De 1818 à 1829 on construisit, en bordure de cette magnifique promenade, 290 maisons qui entraînèrent une dépense de près de 60 millions.

Toutefois, le luxe et la richesse se portèrent toujours de préférence vers les quartiers de l'Ouest, beaucoup trop favorisés par l'administration.

La Chaussée-d'Antin, qui n'était, à la fin du siècle dernier, qu'un vaste marais, connu sous le nom de Pré aux Porcherons, où l'on ne voyait çà et là, vers l'année 1760, que 32 maisons, presque toutes de chétive apparence, comptait, à la fin de 1829, plus de 600 hôtels magnifiques, dont 482 avaient été bâtis sous l'administration du comte Chabrol, préfet de la Seine.

VI

Sous le règne de Louis-Philippe, les tendances de la fortune se manifestent encore davantage en faveur des quartiers de l'Ouest. Le nombre des rues ouvertes de 1830 à 1848 s'élève à 112 ; savoir : sur la rive droite, 89 ; sur la rive gauche, 23. — En voici la récapitulation par arrondissement :

1er Arrondissement, 25 ; — 2e, 25 ; — 3e, 4 ; — 4e, 2 ; — 5e, 3 ; — 6e, 5 ; — 7e, 3 ; — 8e, 11 ; — 9e, 11 ; — 10e, 3 ; — 11e, 8 ; — 12e, 12.

Parmi ces voies ouvertes, en grande partie sous l'administration du comte de Rambuteau, il faut citer les *rues d'Alger, de la Bourse, de Mazagran, Vavin, Racine* (prolongée), *de Trévise, de Rumfort, Boursault, de Montyon, Lavoisier, Geoffroy-Marie, du Havre, de Mulhouse, Rougemont, de Champagny, d'Aumale, de la Banque, Cochin, Duperré, d'Isly, de Joinville* (aujourd'hui du Cirque), *de Lyon, de Mogador, de*

Parme, de l'École Polytechnique, Place de Roubaix, etc., etc.

Ainsi, les voies publiques les plus importantes ont été créées à l'Ouest de Paris.

Parmi les 13 fontaines monumentales entreprises en 1835 et terminées avant 1848, celles qui ont coûté les sommes les plus considérables appartiennent à l'Ouest de Paris.

Ainsi, les deux fontaines de la place de la Concorde	366,736
Les cinq fontaines des Champs-Élysées	105,932
La fontaine Louvois	112,085
La fontaine Molière	452,000

Comme on le voit, les dépenses de luxe sont en général au profit des quartiers riches; non-seulement aucune fontaine monumentale n'est établie dans les quartiers de l'Est; mais encore les créations utiles, indispensables, leur font défaut de plus en plus.

VII

Nous sommes arrivé à l'époque actuelle. Certes, loin de nous la pensée de méconnaître les belles créations réalisées depuis dix-sept années. Mais tout en constatant le bien qui a été fait, il sera facile de prouver que les quartiers de l'Est de Paris sont loin d'avoir reçu les améliorations auxquelles ils avaient droit. Leur situation semble encore plus fâcheuse depuis leur fusion avec les anciennes Communes annexées à la Ville de Paris.

Il importe d'énumérer d'abord les créations qui portent un cachet de grandeur ou d'utilité.

Un des premiers actes du gouvernement actuel a été d'ordonner de grands travaux dans Paris, à l'effet de ranimer l'industrie du bâtiment qui languissait depuis 1848.

L'amélioration la plus utile et qui avait le droit de priorité fut le *prolongement de la rue de Rivoli*. En effet, depuis des siècles, les quartiers du centre étaient privés d'air et de lumière. Toute une population considérable d'ouvriers et d'artisans respirait une atmosphère putride. Le prolongement de la rue de Rivoli détruisit heureusement ce réseau de ruelles étroites et fangeuses, de complicité permanente avec les épidémies, fauchant de préférence nos classes laborieuses. Cette amélioration était donc empreinte d'un véritable caractère d'utilité publique.

Le Palais du Louvre, l'un des mieux placés comme œuvre d'art dans l'estime de l'Europe, et le plus intéressant au point de vue de notre histoire, le Louvre restait inachevé et semblait attristé de ses ruines si jeunes; grâce au Souverain qui prit fait et cause pour cette gloire artistique, ce monument est aujourd'hui sans rival dans le monde.

Les gares de chemins de fer sont maintenant les grandes entrées de Paris; l'une d'elles, *la gare de Strasbourg*, d'une architecture remarquable, se trouvait pour ainsi dire enclavée dans des ruelles qui l'étouffaient; on l'a débarrassée de ces ruelles en combinant son dégagement avec l'exécution d'une voie précieuse d'utilité publique.

En effet, la Ville de Paris comptait déjà, sur la rive droite, un grand nombre de voies parallèles à la Seine : les quais, les rues de Rivoli, Saint-Honoré, les grands boulevards. Mais, en ce qui concernait les rues *perpendiculaires* au fleuve, leur insuffisance était des plus fâcheuses.

La rue du Temple, avec sa largeur d'une ruelle ordinaire, devenait de plus en plus difficile à la circulation des voitures et dangereuse pour les piétons. Les rues Saint-Denis et Saint-Martin, encore plus encombrées, décrivaient d'ailleurs des courbes semblables aux anneaux entortillés de deux serpents. Paris souffrait enfin d'un anévrisme du cœur. Pour le dégager, le *boulevard de Strasbourg* fut décrété d'abord jusqu'au boulevard Saint-Denis, puis continué sous le nom de *Sébastopol* jusqu'à la place du Châtelet. Cette voie forme aujourd'hui, sur la rive droite, la grande perpendiculaire à la Seine.

Au milieu de ce nouveau Paris qui commence à la place de la Concorde et finit au Bois de Boulogne, se dresse un monument qui résume nos gloires les plus vives, nos gloires nationales : l'*Arc-de-Triomphe de l'Étoile*. Malheureusement ses abords tristes et vulgaires manquaient de déférence envers ce monument.

Pour donner à cet arc triomphal un entourage digne des glorieux souvenirs qu'il est appelé à perpétuer, de grandes et belles voies étaient nécessaires. Douze avenues furent créées ou régularisées, et bientôt ce magnifique rayonnement sera complet.

Ces voies publiques sont ainsi dénommées:

Avenues des Champs-Élysées, Joséphine, d'Iéna, du Roi de Rome, d'Eylau, de l'Impératrice, de la Grande-Armée, d'Essling, du Prince-Jérôme, de Wagram, de la Reine-Hortense et de Friedland.

Les Halles centrales, en raison de l'accroissement de Paris, étaient devenues insuffisantes. L'ancien gouvernement avait décidé leur reconstruction. Un pavillon avait été construit. Mais ce bâtiment, aux proportions lourdes et massives, ne pouvait convenir à un marché dans lequel l'air doit circuler librement. Ce pavillon fut abattu et l'on adopta bientôt un nouveau système, heureux mélange de fonte et de fer dont l'élégance ne dérobe rien à la solidité. Ce grand marché régulateur, qui s'achève en ce moment, sert de modèle aux établissements de ce genre qui s'élèvent dans les principales villes de l'Europe.

Le seul regret qu'il nous soit permis d'exprimer, c'est qu'on n'ait pas donné plus d'activité à cette heureuse reconstruction des Halles centrales, qui devraient être terminées aujourd'hui si l'administration n'eût pas distrait de cette opération indispensable les ressources qui lui étaient nécessaires, pour les appliquer à des travaux de luxe, surtout à l'ouest de Paris.

L'ancien Hôtel-Dieu, dont les bâtiments tombent de vétusté, sera prochainement remplacé par un nouvel hôpital mieux en rapport avec les progrès de la science et plus digne de la sainteté du nom qui protége cet asile de la souffrance.

Mais un Hôtel-Dieu, au centre de Paris, serait insuffisant pour une population dont la grande majorité se compose d'ouvriers et d'artisans qui tendent de plus en plus à s'agglomérer dans nos quartiers excentriques. Il y a donc nécessité de créer dans la zone annexée des hôpitaux pour les malades auxquels on doit épargner un transport long et pénible à l'Hôtel-Dieu central.

Nous avons dit que les boulevards de Strasbourg et de Sébastopol formaient sur la rive droite une grande perpendiculaire à la Seine, la création du *boulevard Saint-Michel* est venue compléter cette grande artère au profit de la rive gauche.

La rue de Rennes, cette autre perpendiculaire sur la même rive, doit être également favorable aux quartiers du midi de la Ville qui font des vœux pour son prompt achèvement.

En parlant des anciens remparts transformés en boulevards sur la rive droite, nous avons dit que cette grande ligne se brisait d'un côté à la place de la Bastille et de l'autre à la place de la Madeleine, *le boulevard Saint-Germain* est appelé à compléter le rayonnement de cette grande voie.

Parmi les voies exécutées dans cette période de dix-sept années qui viennent de s'écouler, il ne faut pas omettre *la rue de Turbigo*, établissant une heureuse communication en diagonale de la rue du Temple aux Halles centrales. Outre les bienfaits qui en résultent pour le XIe arrondissement, l'ouverture de cette voie a donné de l'air aux quartiers du Temple, Saint-Martin et Saint-Denis, toujours si encombrés.

Le canal Saint-Martin, de la Bastille au faubourg du Temple, était un barrage à la circulation pendant le jour ainsi qu'un danger durant la nuit, en raison de la longueur de ses deux rives toujours désertes. Le canal Saint-Martin est aujourd'hui voûté; un magnifique boulevard, décoré du nom d'un grand industriel, Richard-Lenoir, le couvre heureusement.

L'ancien Opéra, cette grande école musicale, était depuis un demi-siècle dans une salle provisoire et ne pouvait plus convenir à une grande Cité en voie de transformation. Un nouveau théâtre monumental s'achève aujourd'hui; bientôt notre Académie impériale de musique n'aura plus rien à envier aux plus beaux théâtres de l'Europe.

Deux grandes voies, en cours d'exécution, conduiront à l'Opéra les habitants des quartiers du Midi et de l'Est de la ville; l'une sous le nom d'*avenue Napoléon III*, partant de la place du Palais-Royal, coupera les quartiers des Buttes-des-

Moulins et Saint-Roch, dont la construction remonte au règne de Louis XIII; l'autre, partant de la rue du Temple, traversera les quartiers Saint-Martin et Saint-Denis, pour aboutir au boulevard des Italiens en se soudant à l'avenue Napoléon sur la place établie dans l'axe du nouvel Opéra.

VIII

Telles sont les principales créations réalisées dans Paris ou qui vont l'être. Presque toutes sont empreintes d'un caractère de grandeur et d'utilité. Néanmoins, tout en rendant justice à l'administration, il faut constater cette vérité : ce sont les quartiers riches de l'Ouest de Paris auxquels on a fait la plus large part au détriment des quartiers pauvres de la partie opposée de la Ville.

Sans doute, dans une grande Capitale comme Paris, le luxe a ses nécessités; il faut créer de beaux monuments, de splendides boulevards, augmenter, varier à l'infini les plaisirs qui sourient à la fortune.

Les étrangers et les riches, nous le reconnaissons volontiers, ont des préférences qu'une grande administration ne saurait contrarier.

Les fortunes princières, les grandes existences ont adopté les quartiers des Champs-Élysées ainsi que le voisinage du bois de Boulogne si gracieusement transformé; — cela se comprend.

Dans cette partie de la Ville, l'espace est vaste, le panorama splendide; le luxe est à ses côtés et les plaisirs à sa porte. Elle doit être, elle sera pendant des siècles la préférée des heureux de ce monde; sa position lui garantit sa prééminence sur tous les autres quartiers de la Ville. Le commerce et l'industrie, ce qu'on appelle enfin les affaires, ne sauraient l'envahir; deux barrages ou plutôt deux oasis s'y opposent : les Champs-Élysées et le bois de Boulogne. Elle savourera longtemps le miel de la ruche parisienne sans être troublée par le bourdonnement des abeilles. Mais tout en donnant satisfaction aux étrangers et aux riches, il ne fallait pas, pour augmenter leur superflu, prélever sur le nécessaire des pauvres.

C'est dangereux de créer dans une Capitale deux Cités différentes, et par cela même hostiles, le Paris des grandes existences d'un côté et le Paris des misères déguenillées de l'autre.

Les arts ont groupé dans la Capitale toutes leurs merveilles, le luxe toutes ses séductions, les plaisirs toutes leurs variétés. Mais tout ce luxe, toutes ces séductions, tous ces plaisirs sont enfermés, cerclés, bloqués dans une ruche immense.

Autour de la Cité Reine se dresse une formidable cité ouvrière ; l'une est parée de soie, de velours et de diamants, l'autre n'a que son vêtement de travail. Vous avez mis toutes les séductions aux prises avec toutes les convoitises, le superflu avec l'indigence, la satiété avec la faim.

Nous disons donc à l'administration : d'un côté, si vous avez réalisé de grandes choses dans l'intérêt de la splendeur de Paris, de l'autre vous avez commis de lourdes fautes au détriment de la stabilité du Pouvoir.

C'est au moment où vous jetiez par terre de splendides hôtels des rues Louis-le-Grand, de la Paix et du boulevard des Capucines dont cinq seulement ont coûté plus de 17 millions, que vous ordonniez, faute d'argent, la cessation des travaux dans tous les chantiers de la zone annexée.

IX

Nous avons hâte d'aborder résolûment, dans l'intérêt des quartiers de l'Est de Paris, cette question si grave de l'*extension des limites* de cette Ville.

Comme mesure administrative, cette extension avait, selon nous, sa grande utilité ; mais il fallait, dès le jour où cette question était résolue en principe, s'abstenir de toute opération coûteuse dans les quartiers riches pour se trouver en état d'assimiler à l'ancien Paris la zone suburbaine, au moins au point de vue du strict nécessaire.

Loin de là, tous les travaux de luxe sont continués, poursuivis avec une activité plus fiévreuse encore ; des avenues, des boulevards sans nombre sont créés, improvisés, surtout à l'Ouest de Paris.

Tandis que l'Administration municipale dépense les millions par centaines pour de nombreuses avenues et les abords si mal agencés du nouvel Opéra, les taxes d'octroi de Paris frappent dans l'ancienne banlieue, brutalement annexée, nos artisans et nos ouvriers refoulés dans ces anciennes Communes, véritables Sibéries, sillonnées de chemins tortueux, sans pavage, sans éclairage, sans marchés, privés d'eau, où tout manque enfin.

Il importe de suivre ici le déplacement de la population ouvrière, par le fait de l'exécution de nouvelles voies dans le centre de Paris.

Les anciens quartiers des Arcis, de l'Hôtel-de-Ville et du marché Saint-Jean renfermaient encore, en 1848, un grand nombre de ruelles étroites et sombres, où toute une population ouvrière se trouvait entassée dans des maisons dont la hauteur démesurée interceptait l'air et la lumière.

Pour effectuer le prolongement de la rue de Rivoli, l'ouverture de l'avenue Victoria et la construction de la caserne Napoléon, ce réseau de ruelles fut brisé et ces maisons malsaines furent en partie démolies. Nos ouvriers émigrèrent en grand nombre et se dirigèrent d'abord vers les quartiers avoisinant l'ancien mur d'octroi, principalement dans les faubourgs du Temple, Saint-Martin et Saint-Antoine.

Ce ne fut pas, pour une partie de nos classes laborieuses, un simple déplacement avec espoir de retour dans leurs anciens quartiers heureusement transformés. En effet, sur des terrains chèrement payés par l'expropriation, il avait fallu nécessairement construire des maisons importantes et naturellement d'un prix élevé. Il devenait donc impossible d'y trouver des logements à usage d'ouvriers.

Quant aux maisons que l'expropriation épargnait, leur rareté expliquait le renchérissement des petites locations; leur prix avait doublé. Il avait fallu jeter par terre, sacrifier trois ou quatre masures afin de se procurer l'emplacement nécessaire pour mettre en bordure des nouvelles voies, ne fût-ce qu'une seule maison convenable.

Ces démolitions, très-heureuses au point de vue de la salubrité, n'en forçaient pas moins nos ouvriers à une première émigration qui leur était préjudiciable.

En faisant le vide au centre de Paris, dans le but de le transformer, de l'assainir, il eût été rationnel en même temps de s'intéresser aux émigrants, en créant également de nouvelles voies dans nos quartiers excentriques. Les terrains s'y trouvant à bon marché, les maisons en bordure eussent procuré tout de suite des locations d'un prix accessible à nos ouvriers.

Malheureusement l'Administration municipale, qui dépensait à profusion pour improviser des avenues et des boulevards dans les quartiers luxueux de l'Ouest de Paris, ne trouvait plus l'argent nécessaire pour favoriser ce déplacement des classes laborieuses par des créations utiles.

Puis une augmentation foudroyante de la population ouvrière de Paris s'accusait tout à coup, par le fait de l'immensité des travaux exécutés dans Paris. La pioche des démolisseurs dans Paris avait son contre-coup jusqu'au fond de nos provinces.

En effet, le soir, à la veillée, lorsque le maître d'école, le savant de la Commune, faisait la lecture du *Grand-Journal*, une commotion électrique parcourait tout l'auditoire, savourant ce passage qu'on dirait emprunté aux *Mille et une Nuits*. « On dépense en travaux dans Paris, chaque année, une centaine de millions. » Il semblait à ces bons paysans qu'il pleuvait dans la Capitale de l'or, des perles et des diamants. — Les jeunes en grand nombre émigraient, les vieux seuls restaient, désolés de ne pouvoir les suivre.

De là ce renchérissement des petites locations par l'accroissement spontané de la population ouvrière. Bientôt il arriva que les petites locations devinrent tout à fait insuffisantes dans l'ancien Paris.

Alors, les ouvriers enjambèrent en grand nombre le mur d'octroi pour se fixer dans l'ancienne banlieue, principalement à Belleville, à Ménilmontant, à Charonne, aux Ternes, à Montrouge, Vaugirard et Grenelle.

Ce nouveau déplacement pouvait procurer certaines compensations à nos classes laborieuses.

En effet, d'un côté, si leur éloignement du centre de la Ville était préjudiciable à nos ouvriers en ce sens que la longueur des petits voyages quotidiens qu'ils subissaient constituait soit un prélèvement sur leur repos, soit une diminution de leurs salaires ; de l'autre, dans l'ancienne banlieue, l'air était plus pur que dans l'intérieur de la Ville; les loyers à meilleur compte, la vie plus facile enfin, parce que les denrées dans ces Communes suburbaines échappaient aux taxes d'octroi de Paris.

Il fallait donc faciliter, améliorer cette seconde émigration en lui offrant pour appât l'exemption des taxes d'octroi pendant un temps au moins égal à celui de la transformation de la zone annexée.

Tout le contraire s'est produit.

La mesure de l'extension de Paris est venue, comme une trombe, bouleverser cette nouvelle agglomération. On a mis sans transition, tout à coup, sur la même ligne, par rapport au payement des taxes d'octroi de Paris, des Communes n'ayant reçu aucune espèce d'améliorations et l'ancienne Ville dans laquelle on venait de dépenser plus d'un milliard

X

Mais il s'agit d'entrer profondément dans la question et de faire valoir les justes réclamations *des quartiers de l'Est de Paris* et *des Communes limitrophes* de cette partie de la Capitale. Comme on le voit, les chapitres qui précèdent avaient leur grande raison d'être. Ils constituent en quelque sorte une véritable et utile introduction sans laquelle ce travail eût été sans ordre et nos arguments sans preuves.

Quels sont les quartiers de l'Est et les Communes qui rayonnent autour d'eux ?

Dans l'intérieur de Paris, les quartiers *de la Roquette* et *Sainte-Marguerite*, qui appartiennent au XIe arrondissement ;

Ceux *du Bel-Air*, *de Picpus*, *de Bercy* et *des Quinze-Vingts*, qui forment le XIIe arrondissement ;

Les quartiers *de Charonne*, *du Père-Lachaise*,

Saint-Fargeau et *Belleville* qui constituent le XXe arrondissement ;

Les Communes limitrophes, et qui sont en contact avec les quartiers de l'Est, sont : *Saint-Mandé, Vincennes, Charenton,* d'un côté ; *Montreuil, Bagnolet* et *les Prés Saint-Gervais,* de l'autre.

Dans les réclamations que nous allons interpréter, il est impossible de suivre un ordre rigoureusement absolu, par la raison que certaines voies publiques appartiennent parfois à plusieurs arrondissements. Ainsi la place de la Bastille fait partie des IVe, XIe et XIIe, comme celle du Trône appartient aux XIe et XIIe arrondissements.

Nous avons pris pour point de départ la *place de la Bastille,* parce qu'elle est la voie publique la plus importante de tous les quartiers de l'Est de Paris.

Mais avant de réclamer la transformation de la place de la Bastille, demandons le prolongement du *boulevard Saint-Germain,* dans sa section entre le quai Saint-Bernard et la place de la Bastille, où s'opère sa fusion avec le boulevard de Beaumarchais, en complétant son rayonnement.

Il y a là un intérêt de premier ordre ayant droit à la priorité.

De la place de la Bastille, nous nous dirigerons rapidement vers les quartiers de l'Est. Après avoir dépassé les limites de Paris, nous nous occuperons de ses Communes limitrophes.

XI

BOULEVARD SAINT-GERMAIN

Section entre le quai Saint-Bernard et la place de la Bastille.

Au sujet de cette section, il importe de reproduire la pétition suivante, dont la rédaction nous avait été confiée :

Paris, le 28 mai 1867.

A Monsieur le Sénateur, Préfet de la Seine.

Monsieur le Préfet,

Les soussignés ont l'honneur de soumettre à votre appréciation éclairée la réclamation suivante :

Un décret impérial, en date du **11** août **1855**, a sanctionné l'ouverture du boulevard Saint-Germain, entre le quai Saint-Bernard et le boulevard Saint-Michel.

Ce décret est la consécration d'un projet empreint d'un véritable caractère d'utilité publique. Il consiste à créer, au profit de la rive gauche, un boulevard circulaire, continuant la ligne des remparts que le génie de Louis XIV avait transformés au profit de la rive droite de la Seine, en boulevards, qui sont devenus la promenade la plus variée, la plus agréable et la plus splendide de l'Europe.

Dans votre pensée, monsieur le Préfet, l'exécution du boulevard circulaire de la rive gauche devait se souder à ceux de la rive droite, pour former un rayonnement complet.

Grâce aux habiles dispositions du tracé, la soudure à l'Ouest de Paris est heureusement faite avec le boulevard de la Madeleine, le pont de la Concorde et la rue Royale.

Il ne pouvait en être ainsi à l'Est de la Ville, il fallait pour que le boulevard Saint-Germain se rattachât au boulevard de Beaumarchais, jeter deux ponts sur les deux bras du fleuve, couper en diagonale l'ancien quartier de l'Arsenal, à l'effet d'atteindre la place de la Bastille où la fusion des deux voies doit s'opérer.

Telle a été la pensée qui a dû inspirer le second décret de 1859, concernant les deux ponts à établir.

Monsieur le Préfet, c'est précisément l'exécution de ces deux décrets que les soussignés réclament de votre bienveillance paternelle en faisant valoir les considérations suivantes :

S'arrêtant au quai Saint-Bernard, le boulevard Saint-Germain est sans aucun accès direct avec les quartiers de la rive droite, condamnés à un long détour. En effet, pour atteindre cette voie publique à sa naissance, les quartiers voisins de l'Hôtel de Ville ont le pont Louis-Philippe et le quai des Tournelles à traverser. Quant à la circulation provenant du quartier de l'Arsenal, il faut que les piétons et les voitures aillent chercher le pont Marie, et suivent ensuite la rue Saint-Louis-en-l'Ile, trop étroite et toujours encombrée ainsi que la rue des Deux-Ponts.

Ce manque de communication directe explique les lenteurs que les propriétaires ont apportées à la construction des terrains riverains du boulevard Saint-Germain, surtout du côté du quai Saint-Bernard.

Les terrains de l'île Louviers restent improductifs, et le quartier de l'Arsenal est inanimé, mort.

Les ponts construits, la trouée faite, c'est le mouvement, c'est la vie qui pénètrent dans le boulevard Saint-Germain.

Le faubourg Saint-Antoine, tout Bercy, la ligne des boulevards de la rive droite, les Communes de l'Est viennent lui déverser une circulation qui le transforme.

Les terrains de l'île Louviers prennent de la valeur, et le prix que la Ville en reçoit diminue d'autant la dépense.

Le quartier de l'Arsenal enfin, devient l'heureux trait d'union entre la nouvelle voie et les anciens boulevards.

Ces considérations que nous venons de faire valoir, votre haute intelligence, monsieur le Préfet, les complètera, et nous sommes assurés que vous ferez droit à une réclamation dictée dans l'intérêt des quartiers de l'Est de Paris.

Veuillez agréer, etc.

On sait que la première section du boulevard Saint-Germain a été réalisée entre le quai de la Tournelle et le boulevard Saint-Michel; aujourd'hui ce boulevard s'arrête à la rue Hautefeuille.

Si l'Administration municipale avait consulté l'opinion publique, elle eût certainement entrepris la seconde section de cette voie entre la place de la Bastille et le quai de la Tournelle pour établir, au moyen de deux ponts jetés sur le fleuve, une communication précieuse au point de vue de l'intérêt général.

La troisième section devait être celle qui, pénétrant dans l'ancien quartier de l'École de Médecine, sillonné de ruelles étroites, eût été se rattacher au prolongement de la rue de Rennes. Cette troisième section était urgente surtout sous le rapport de la salubrité; car, dans cette partie de la ville, Paris étouffe faute d'air.

Il était donc rationnel de suivre, dans l'exécution du boulevard Saint-Germain, la direction de l'Est à l'Ouest.

L'administration municipale a fait le contraire. Elle abandonne cette grande voie au boulevard Saint-Michel, elle remet à un temps indéterminé la section entre la place de la Bastille et le quai de la Tournelle, pour concéder de gaieté de cœur à une Compagnie la réalisation instantanée de la section entre la rue de Bellechase et le pont de la Concorde.

Pourquoi cette préférence en faveur d'un quartier riche, luxueux, jouissant déjà du superflu, où la circulation est libre, où Paris respire à l'aise?

Pourquoi cette préférence au préjudice de quartiers populeux où la circulation est obstruée, souvent impossible, où la lumière fait défaut?

Pourquoi retarder indéfiniment la section de la place de la Bastille, alors qu'elle est réclamée par plus de cent mille habitants comme une amélioration profitable à quatre arrondissements tout entiers? Enfin, pourquoi? Parce qu'il y avait là, dans cette concession au profit du quartier Saint-Germain qui n'en faisait même pas la demande, une opération lucrative pour une Compagnie que le Préfet de la Seine voulait favoriser à tout prix.

Notez que les voies entamées par cette section s'appellent : rues de Lille, de l'Université, Saint-Dominique et quai d'Orsay, et qu'il a fallu exproprier de splendides hôtels pour ce tronçon si coûteux et qui pouvait attendre.

XII

LA PLACE DE LA BASTILLE ET SES ABORDS.

Dans une lettre adressée à Buffon, le 22 mai 1739, par Étienne Turgot, Prévôt des Marchands de la ville de Paris, on remarque cette phrase : « Je me suis imposé l'obligation de parcourir » deux fois par semaine les différents quartiers » de la Capitale et je m'en trouve bien. Que » de choses j'apprends, que d'abus je détruis, » que d'injustices je répare qu'on avait intérêt à » me cacher! »

Si nos administrateurs actuels agissaient comme Étienne Turgot, ils feraient cesser bien des contrastes fâcheux, bien des inégalités choquantes.

Pourquoi voyons-nous, à l'Ouest de Paris, les places de l'Étoile, de la Concorde et Vendôme si brillamment décorées, alors qu'on laisse, de l'autre, les places de la Bastille et du Trône dans un abandon si misérable qu'il soulève le cœur?

L'Administration municipale a dépensé pour les avenues qui rayonnent autour de l'Arc de Triomphe plus de 80 millions, tandis qu'elle a rogné la place de la Bastille pour vendre, dans un moment de pénurie, pour 1,500,000 francs de terrains dérobés à cette voie publique.

La situation de la place de la Bastille entre deux agglomérations considérables de population : le faubourg Saint-Antoine d'un côté, la rue de Rivoli de l'autre, recommandait au contraire sa conservation manifestement utile.

La configuration de cette place, il est vrai, n'était pas régulière. Mais, fallait-il corriger ce défaut de conformation par un agrandissement ou par une réduction de cette voie? En vendant ces terrains, en rétrécissant cette place, en la bloquant à l'Ouest par un massif de constructions si élevées, on a diminué, neutralisé l'action bienfaisante de ce ventilateur.

Comment! on dépense près d'un milliard en dix-huit années pour élargir la voie publique dans Paris, et l'on vend les terrains de la place de la Bastille pour l'amoindrir!

Maintenant, l'aliénation de ces terrains sur lesquels on a construit un massif de maisons, n'est-elle pas pour les immeubles situés sur le côté gauche de cette place, entre le boulevard de Beaumarchais et la rue des Tournelles, la cause d'une dépréciation aussi fâcheuse qu'elle est injuste?

Comment! les propriétaires de ces immeubles payent depuis 1789, c'est-à-dire pendant plus de quatre-vingts ans, des impôts en raison de la situation de leurs maisons en bordure d'une place, et, tout à coup, l'Administration municipale les enserre et les bloque dans une rue de 10 mètres!

En droit, les terrains dont la place de la Bastille vient d'être frustrée étaient voie publique depuis Hugues Aubriot, Prévôt de Paris, qui posa la première pierre de cette forteresse, le 22 avril 1370. Ils formaient une petite place devant cette prison d'État. Lorsqu'on démolit la Bastille, en 1789, le terrain que la destruction de cette forteresse laissa libre fut réuni à cette voie publique.

Trois années après, une loi du 27 juin 1792 ordonna la formation d'une grande place sur les terrains de la Bastille.

Un arrêté du gouvernement de la République, du 11 frimaire an XII, prescrit ce qui suit :

« Art. 1er. — La loi du 27 juin 1792, qui ordonne la formation d'une place sur le terrain de la Bastille, recevra son exécution.

» Art. 2. — Le plan présenté à ce sujet, et auquel est annexé celui de la topographie actuelle des terrains de la Bastille, est adopté.

» Art. 3. — Le plan adopté par l'art. 2 comprend les dispositions suivantes : 1° Une grande place circulaire au milieu de laquelle sera construit un bassin de même forme, orné à son pourtour d'une double rangée d'arbres; 2° L'entrée du faubourg Saint-Antoine sera reportée de l'Ouest au Nord-Ouest de sa position, afin de rectifier le contour qu'elle forme à son ouverture et de la faire arriver symétriquement sur la place, en face de la rue Saint-Antoine, avec laquelle elle ne formera plus qu'une seule rue.

» Art. 4. — Le canal, destiné à la réception des eaux de l'Ourcq, sera établi dans le fossé de l'Arsenal, de manière à communiquer du côté sud avec la Seine et du côté nord avec le bassin circulaire; deux rangées d'arbres orneront chacune des rives de ce canal. Par ces dispositions, la grande place circulaire deviendra le point de réunion des boulevards intérieurs de Paris, celui du canal et des deux allées qui en borderont les rives, ainsi que de plusieurs rues, combinées de manière à former sur cette place *des façades circulaires et symétriques de même grandeur*, etc. »

On voulait donc faire de cette voie publique une place monumentale, et, loin d'en diminuer l'étendue, on l'agrandissait encore en lui donnant une forme circulaire.

Nous avons rappelé la sollicitude de Napoléon Ier pour la place de la Bastille, « laquelle, » disait l'Empereur, sert d'entrée à cette grande

» ruche parisienne qu'on appelle le faubourg » Saint-Antoine. »

Au sujet de cette sollicitude, reproduisons le décret suivant :

« Au palais des Tuileries, le 9 février 1810.

» NAPOLÉON, etc.... L'éléphant destiné à orner » la fontaine de la place de la Bastille sera coulé » en bronze. La matière de ce monument ne sera » pas comprise dans la dépense ; elle sera fournie » par nos arsenaux, et notre ministre de la guerre » affectera à cette destination les pièces de bronze » qui ont été prises dans la campagne de Fried- » land. »

Cet évasement du côté de la rue Saint-Antoine avait sa grande raison d'être dans l'intérêt de la circulation de la place de la Bastille. On pouvait, d'ailleurs, si sa conformation laissait à désirer, la régulariser en combinant cette amélioration avec l'ensemble de la grande place. Au lieu de cela, qu'a-t-on fait? On a pratiqué deux tronçons de rues dont l'un à droite, de ce grand massif de maisons, l'autre à gauche. Maintenant la circulation, gênée, obstruée, s'engouffre dans ces deux ruelles comme dans deux entonnoirs.

Il est évident, il est certain, en outre, que les établissements en bordure de ces deux tronçons de rues ont dû souffrir de cette étrange substitution.

Les constructions nouvelles qui composent cette immense borne placée à l'entrée de la rue Saint-Antoine, qui n'est que la continuation de la rue de Rivoli, fait encore paraître plus disgracieuse, plus vulgaire cette *gare de Vincennes* dont la mesquinerie déshonorerait une ville de province de quatrième ordre.

Au sujet de nos places publiques en général, ce serait faire acte de sagesse que de combiner leurs dispositions avec les exigences de la circulation.

La superficie de nos places publiques, il faut le reconnaître, est presque toujours suffisante, ce n'est pas le terrain qui manque, ce sont les dispositions dans l'intérêt des passants qui font défaut. Voitures et piétons sont laissés pêle-mêle sans plus de précaution pour les gens que pour les chevaux. Il faudrait, en quelque sorte, tracer au public sa direction, le mettre à l'abri par des *refuges* utilement combinés avec la création de fontaines monumentales. Heureusement espacées sur la place de la Bastille; ces fontaines jaillissantes dissimuleraient la monotonie de cette voie. Le soleil serait en même temps son plus habile décorateur, car c'est le soleil qui fait étinceler les eaux en gerbes de diamants, d'émeraudes et de saphirs.

Examinons maintenant les projets de l'administration en ce qui concerne la place de la Bastille.

Cette voie publique présentera la forme d'un carré long.

Cette configuration est toujours moins heureuse qu'un tracé circulaire ou ovale. En effet, la forme carrée accuse des angles droits, toujours difficiles pour la circulation des voitures et des piétons, qui tombent pour ainsi dire tout à coup sur une place sans en apercevoir les embarras dont on peut se garer facilement alors que la place décrit une ligne circulaire.

On sait que la *rue du Faubourg-Saint-Antoine*, dont le numérotage, pour être régulier, devrait commencer à la place du Trône, en suivant le cours du fleuve, forme un arc de cercle avant d'aboutir à la place de la Bastille. D'après le plan municipal, la voie se poursuit à pleins jalons pour se compléter par une ligne droite jusqu'à la place de la Bastille.

On sait également que la *rue de Charonne* fait un circuit long assez et entretient dans le faubourg Saint-Antoine un pêle-mêle de voitures et de piétons qui viennent compromettre la circulation. A la hauteur de la rue Neuve-Lappe, la rue de Charonne sera rectifiée et se prolongera en ligne droite jusqu'à la place de la Bastille.

On connaît aussi les dangers de toute nature auxquels on est exposé dans la rue de la Roquette à sa naissance, vers la place de la Bastille. La rue de la Roquette sera considérablement élargie dans la partie située entre la rue Neuve-Lappe et celle Daval.

La régularisation de la place de la Bastille doit entraîner également la démolition des maisons n°s 1, 3, 5, 8, 9 du boulevard Beaumarchais.

La rectification de la rue du Faubourg-Saint-

Antoine dont nous venons de parler doit amener aussi la démolition d'un certain nombre d'immeubles de la rue de Charenton.

Pour compléter la description des projets concernant les abords de la Bastille, il nous reste à donner l'indication du tracé du boulevard Saint-Germain, lequel, comme nous l'avons dit, doit couper en diagonale l'ancien quartier de l'Arsenal.

Cette section du boulevard Saint-Germain traversera la rue de l'Orme, aujourd'hui nommée rue Jacques-Cœur, coupera les rues de Lesdiguières, Castex et de la Cerisaie, entamera la caserne des Célestins, la rue de Sully, le boulevard Morland et le quai Henri IV.

En face, un pont sera jeté sur le petit bras du fleuve, pour aboutir à la pointe orientale de l'île Saint-Louis, où la voie doit absorber plusieurs propriétés situées quai de Béthune. Puis un deuxième pont doit être établi et déboucher aux quais de la Tournelle et Saint-Bernard, à l'endroit où vient s'ouvrir la section du boulevard Saint-Germain, exécutée il y a quelques années.

Telle est la description, aussi exacte que

possible, des abords projetés de la place de la Bastille dont les plans officiels sont à notre disposition et peuvent être consultés par nos lecteurs.

La réalisation de ces projets, beaucoup plus utiles et bien moins coûteux que les avenues et les boulevards improvisés en grand nombre à l'Ouest de Paris, eût donné satisfaction à des besoins urgents qui s'accusent depuis nombre d'années.

XIII

LA PLACE DU TRÔNE ET SES ABORDS

Cette voie publique est dans une situation plus affligeante encore que sa sœur, la place de la Bastille. Cependant, la place du Trône est la grande entrée de Paris à l'Est.

Lors de l'inauguration du boulevard du Prince-Eugène, on espérait la voir décorée bientôt d'une manière convenable.

Les statues de Philippe-Auguste et de Saint Louis qui dominent les deux colonnes qui servent de limites à cette voie publique vers l'avenue de Vincennes, auraient dû cependant imposer l'obligation de mettre un terme à ce misérable abandon insultant chaque jour ces grandes illustrations nationales ; il n'en a rien été. Cette profanation se continue à la honte de notre Administration municipale.

Rappelons succinctement l'origine de cette place.

Elle doit son nom à un *trône* élevé aux frais de la Ville de Paris, et sur lequel Louis XIV et Marie-Thérèse d'Autriche vinrent s'asseoir, le 26 août 1670, pour recevoir l'hommage et le serment de fidélité des Parisiens.

Sur la place du Trône, les Échevins de Paris résolurent de construire un arc-de-triomphe qui devait surpasser en grandeur et magnificence tous les monuments de ce genre que nous ont légués les Romains.

La première pierre en fut posée le 6 août 1670. On éleva cet arc-de-triomphe jusqu'à la hauteur des piédestaux des colonnes. Pour se rendre compte de l'effet qu'il devait produire, on imagina de l'achever en plâtre.

Malheureusement Louis XIV prit peu d'intérêt à cette construction, que le duc d'Orléans fit démolir en 1716.

Des gravures qui représentent cet arc-de-triomphe attestent toute la beauté de cette œuvre que la Régence devait respecter. Elle était de Claude Perrault, l'architecte de la colonnade du Louvre.

Ce monument avait coûté 513,735 livres, qui furent dépensées en pure perte.

La place du Trône affirme la forme circulaire.

Elle était ornée d'une magnifique plantation de marronniers qu'on a mutilée dernièrement. Les beaux arbres qu'on lui avait dérobés furent replantés en partie pour orner la place du Châtelet.

En 1793, on donnait à la place du Trône le nom de *Place du Trône renversé*. Elle servit de lieu d'exécution durant une partie de la période révolutionnaire.

On a vu dans notre introduction que l'Empereur Napoléon voulait établir à l'extrémité du faubourg Saint-Antoine *des promenades à l'instar des Champs-Élysées*.

Souvent Napoléon traversait à cheval le faubourg Saint-Antoine, et depuis longtemps le souverain avait manifesté l'intention d'améliorer, en l'égayant, cette ruche parisienne.

L'Administration municipale a terminé, depuis plusieurs années, l'étude d'un projet dont l'exécution eût été, pour la place du Trône, le commencement de la réparation d'un oubli qui s'est trop prolongé.

Voici les principales dispositions de ce projet, qui a reçu une exécution partielle par la construction de plusieurs maisons élevées d'après un plan prescrivant des dispositions symétriques.

Ces hôtels, bâtis sur les dessins de M. Crépinet, l'un de nos architectes les plus habiles, seront continués en respectant le même style pour la décoration des façades.

On sait que l'avenue Philippe-Auguste vient d'être ouverte de la place du Trône au boulevard de Charonne. Ce serait une excellente amélioration complémentaire que de la continuer plus tard jusqu'au square des Buttes-Chaumont, aujourd'hui l'une des plus attrayantes promenades de la Ville de Paris. Ce prolongement s'effectuerait en suivant la ligne du boulevard de Charonne pour se diriger ensuite en diagonale dans la partie agglomérée de Belleville, connue sous le nom des Trois-Couronnes.

On compléterait le rayonnement de la place du Trône par l'ouverture des voies ci-après :

La première, en prolongement de l'avenue de Taillebourg.

La seconde, en continuation de l'avenue de Bouvines.

La troisième, partant de la place du Trône, aboutira provisoirement à l'avenue de Reuilly, entre la rue Érard et le passage Stainville, en amenant la reconstruction de l'église Saint-Éloi, devenue insuffisante.

Telles sont les trois voies projetées par l'Administration municipale.

Un quatrième boulevard compléterait, selon nous, de la façon la plus heureuse, le rayonnement de la place du Trône. Il partirait du sud-est de cette voie publique, traverserait des terrains presque tous en marais, couperait ensuite la commune de Saint-Mandé dans sa partie médiane, pour aboutir au centre du bois de Vincennes, d'où l'on aperçoit les colonnes rostrales de la place du Trône.

Nous insisterons sur cette création complémentaire lorsque nous nous occuperons de la Commune de Saint-Mandé dans un article spécial.

Terminons ce chapitre consacré à la place du Trône en disant que son abandon est la preuve la plus manifeste, la plus accablante des préférences de nos administrateurs en faveur des quartiers riches, au grand préjudice des quartiers pauvres.

Avec l'argent dépensé pour la démolition des cinq hôtels qu'on vient de jeter par terre dans les rues de la Paix, Louis-le-Grand et le boulevard des Capucines, il eût été facile de transformer la place du Trône en réalisant les amorces des voies nécessaires à son rayonnement.

XIV

LES ANCIENS BOULEVARDS EXTÉRIEURS A L'EST DE PARIS

Il y a dix années environ, l'Administration municipale décidait la transformation des anciens boulevards extérieurs.

La mesure était excellente en principe; mais voyons son application.

Nos administrateurs ont commencé cette transformation par les boulevards situés à l'Ouest de Paris et qui côtoient les quartiers les plus riches. Puis on s'est arrêté, il y a cinq années environ, au boulevard de la Villette, à la rue de Meaux, précisément à l'endroit où commencent les quartiers les plus pauvres, les quartiers de l'Est de Paris.

En administration intelligente et humaine, le contraire était commandé par l'équité.

En effet, les boulevards de l'Ouest sont à proximité des plus belles promenades; ils ont, en quelque sorte, dans leur voisinage le jardin des Tuileries, les Champs-Élysées, le square de Monceau, le bois de Boulogne, etc.

Les boulevards de l'Est, surtout ceux qui servent de limites aux anciennes communes de Belleville, de Ménilmontant, de Charonne et de Montreuil, formant aujourd'hui les 19e et 20e arrondissement de Paris, ont été laissés dans l'abandon le plus fâcheux. Les chaussées mal pavées, sans entretien, sont presque toutes défoncées.

Pendant les chaleurs de l'été, les plantations, pour la plupart rachitiques, ne reçoivent jamais l'aumône d'une goutte d'eau municipale. La femme de l'ouvrier, qui se promène avec ses enfants sur ces boulevards déshérités, ne trouve même pas, dans un parcours de plus de 5,000 mètres, un seul banc pour se reposer et faire asseoir sa petite famille, tandis qu'on a prodigué ces bancs à l'Ouest de Paris pour les gens riches ou aisés qui n'en usent jamais.

Voici encore un autre fait qui témoigne de

l'état d'abandon dans lequel sont laissés les quartiers de l'Est.

Autrefois, avant l'extension des limites de Paris, *une ligne d'Omnibus* desservait tous les anciens boulevards extérieurs de la rive droite. Aujourd'hui, ces voitures s'arrêtent près de l'emplacement occupé avant 1860 par la barrière d Belleville. Cette interruption laisse en dehors du mouvement tous les boulevards de l'Est. Ainsi, ce sont les localités ressentant le besoin le plus urgent du mode économique de locomotion des Omnibus qui en en sont complétement privées, et cela dans une longueur de boulevards de 6,225 mètres.

XV

L'AVENUE DE VINCENNES

Dans quelle situation laisse-t-on cette majestueuse *avenue de Vincennes?* Pourquoi l'avoir mutilée en permettant au chemin de fer de ceinture de couper la voie de la façon la plus disgracieuse? Les terrains à droite et à gauche de cette avenue, qu'il fallait sauvegarder à tout prix, étaient tous en contre-bas et défendaient par cela même le passage à ciel ouvert. Cette mutilation est du vandalisme sans nécessité aucune, et les barrières en bois qui limitent la voie de fer font ressembler cette splendide avenue de Vincennes à un misérable parc de bestiaux.

D'où vient encore que l'administration ait permis l'établissement de gazomètres presque en bordure de cette voie publique? Ce voisinage si dangereux repousse les constructions importantes qui s'élèveraient dans le parcours de l'avenue de Vincennes.

XVI

LA DISTRIBUTION DES EAUX

Que de contrastes fâcheux, que d'inégalités choquantes Paris accuse aux regards des véritables administrateurs!

Vous êtes sur le boulevard des Italiens. Là, de brillants équipages sillonnent la voie, de splendides magasins étalent tout ce que les arts et l'industrie peuvent enfanter de merveilles. Paris, en cet endroit, semble respirer un air de richesse et de plaisirs.

Mais quittez tout à coup, brusquement, ce Paris luxueux, éblouissant, pour vous transporter à l'instant vers une de ces ruches ouvrières qu'on voit çà et là dans nos quartiers excentriques, principalement à l'Est de cette ville.

La scène change alors. On vient d'ouvrir *les bouches sous trottoirs*, c'est une invention moderne, odieusement homicide.

De pauvres femmes sont en train de disputer aux ruisseaux l'eau qui ne monte pas, mais qui glisse sur la voie. L'impôt qui frappe le vin d'Argenteuil comme le Malvoisie aux portes de Paris, l'impôt exonère-t-il au moins l'eau dont la misère ne peut se passer? Cette eau municipale coule pour laver les ruisseaux, non pour étancher la soif du pauvre. S'il la veut fraîche et limpide, qu'il la paye; s'il n'a pas d'argent, qu'il la boive croupie.

Pour faire venir à Paris les eaux de la Dhuys, de la Vanne et de la Marne, on a dépensé déjà plus de 80 millions, et cependant les bornes-fontaines sont tellement espacées dans nos quartiers pauvres, que les femmes de nos ouvriers, ces bonnes ménagères, sont obligées d'avoir recours aux porteurs d'eau qui prélèvent dans ces localités, si tristement délaissées, 40 francs par an sur chaque ménage.

XVII

LE CHEMIN DE FER DE CEINTURE

Cette voie pouvait être essentiellement profitable aux classes laborieuses, si l'administration eût prescrit aux Compagnies concessionnaires un tarif plus à la portée de nos ouvriers par l'établissement d'une troisième classe.

On va voir ce qu'il en résulte. Voici un ouvrier maçon, par exemple, il habite Ménilmontant et travaille à la construction d'une maison dans le 16e arrondissement, à Passy. Le chemin de fer serait pour lui une précieuse ressource; impossible de s'en servir, il faudrait, pour l'aller et le retour, qu'il prélevât sur son salaire 14 sous. Il fait la route à pied plutôt que de rogner ainsi le pain de ses enfants, et se dit en maugréant : « La voie de fer est établie pour transporter des » colis d'une gare à l'autre, au mieux des inté- » rêts des Compagnies, non pour l'avantage de » nous autres ouvriers. »

Parfois, ils seraient disposés à se payer le luxe d'une *impériale d'Omnibus*; mais il faut se rendre au chantier ou à l'atelier à six heures du matin, et l'omnibus ne commence de s'ébranler qu'à sept heures et demie. — Le soir, il n'y a pas de place.

XVIII

LES THÉATRES MUNICIPAUX ET LES MARCHÉS

Nos administrateurs ont construit, bien entendu avec l'argent de la Ville, quatre théâtres municipaux : *le Châtelet*, *le Lyrique*, *la Gaîté* et *le Vaudeville*, tandis qu'ils ont abandonné à une Compagnie financière l'édification de *sept marchés* dans nos quartiers excentriques. Ce qui semble fabuleux, et cependant ce qui est vrai, le tarif des places dans les marchés est le même pour les quartiers riches comme pour les quartiers pauvres. Les marchandes payent 40 centimes par mètre carré et par jour, au marché Saint-Honoré aussi bien qu'au marché de Puébla. Or, comme il faut 6 mètres pour qu'une marchande soit à l'aise, c'est 48 sous qu'il lui faut débourser avant d'avoir vendu un oignon. Ce tarif n'est point onéreux pour le marché Saint-Honoré, mais c'est un fardeau cruellement lourd pour celui de Puébla. Aussi, l'un est-il parfaitement approvisionné, tandis que l'autre compte à peine quelques marchandes, qui, n'ayant pas de concurrence à craindre, rançonnent les femmes de nos ouvriers.

XIX

DE LA VIABILITÉ DANS LES QUARTIERS DE L'EST

Si l'on veut se former une opinion consciencieuse sur les actes de l'administration municipale qui vient de sombrer, il faut prendre deux plans de Paris, l'un de 1850, l'autre de 1870, et les comparer.

En ce qui concerne l'Ouest de Paris, qu'on tire une perpendiculaire à la Seine, de la place de la Concorde, par exemple, en remontant jusqu'aux fortifications; qu'on tienne compte ensuite de toutes les créations réalisées dans le périmètre limité par la Seine au Midi, par les fortifications au Nord, la place de la Concorde à l'Est, et le bois de Boulogne à l'Ouest.

Ce travail terminé, qu'on entreprenne la même opération dans l'autre partie extrême de la Ville, c'est-à-dire de la place de la Bastille au bois de Vincennes d'un côté, de la Seine aux fortifications de l'autre.

Eh bien! dans le premier de ces deux périmètres, égaux en superficie, l'Administration municipale a dépensé plus de pièces d'or que de gros sous dans le second.

Dans le but d'excuser l'accumulation monstrueuse des grands travaux à l'Ouest de Paris, au grand préjudice des quartiers de l'Est qui manquent du nécessaire, nos Administrateurs ont prétendu qu'il fallait les entreprendre d'urgence pour éviter qu'ils ne devinssent plus coûteux, en attendant quelques années encore.

Les faits ont donné un démenti formel à cette assertion.

Il est certain, au contraire, que cette accumulation de travaux ici, là, partout, à l'Ouest de Paris, a produit une hausse subite dans le prix de tous les terrains de ces quartiers privilégiés.

Exemples : La Compagnie Constantin a payé en 1823, lors de la formation du quartier François Ier, les terrains à raison de 20 francs le mètre. En 1853 ils valaient 60 francs, aujourd'hui 300.

Pourquoi cette énorme plus-value?

Parce qu'on a transformé les Champs-Élysées, parce qu'on a créé dans le voisinage de nombreuses et belles voies publiques; parce que la spéculation a senti que toutes les faveurs de l'Administration allaient être dévolues à cette partie de la Ville.

Le quartier de Chaillot, sillonné en tous sens d'avenues et de boulevards, dont l'exécution très-coûteuse pouvait se faire attendre, renfermait de vastes terrains, dont la valeur, en 1845, ne dépassait guère 25 francs. La spéculation s'est ruée sur le quartier de Chaillot. Aujourd'hui, il faut parler de 150, 160 francs. Quant aux terrains en bordure des grandes voies récemmentimprovisées, leur prix dépasse communément 200 francs le mètre.

Enfin, parmi les terrains que l'entrepreneur Sandrié louait 18 centimes par mètre en 1770, aux religieux Mathurins par bail emphytéotique de 99 années, il en est que la Ville loue, en 1870, à des limonadiers dont les établissements sont en bordure du boulevard des Capucines, à l'angle de la nouvelle place de l'Opéra, à raison de 50 francs le mètre.

Puisque nous venons de parler du nouvel Opéra, constatons que les abords de ce théâtre ont coûté plus de cent millions; encore laissent-ils singulièrement à désirer, sous le rapport du goût et de la convenance.

Cette hausse excessive des terrains à l'Ouest de Paris n'est-elle pas un fait des plus fâcheux? Qu'a-t-elle produit? Un agiotage indigne, triste et honteuse réminiscence de cette frénésie excitée, sous la régence du duc d'Orléans, par la création de la banque de Law et le tripotage sur les actions du Mississipi.

Que de fortunes imméritées et scandaleuses!

Le sens moral de Paris, d'où part le premier rayonnement qui éclaire le monde, n'est-il pas cruellement offensé par ce contact de la richesse qui ne doit qu'au hasard ou a la spéculation le droit d'insolence qu'elle s'arroge.

Nos anciens et dignes Échevins disaient : « Il » ne faut pas que les gros et dodus soient d'un » costé et les pôvres et menus de l'autre; dans » l'intérêt du Roy, notre cher Syre, il les vaut » mieux mellangez. »

Ces préférences injustes en faveur des quartiers jouissant déjà du superflu n'ont pu se produire qu'au détriment de l'Est de Paris. C'est avec peine qu'il parvient à retenir les quelques existences riches ou aisées qui s'étaient fixées dans ses parages.

L'attraction que l'Ouest exerce sur ces individualités de plus en plus rares est d'autant plus irrésistible que tous les avantages sont pour les riches qui émigrent, tandis que ceux qui restent ne sont en contact qu'avec la misère.

L'Est de Paris proprement dit se compose des quartiers formant les XIe, XIIe et XXe arrondissements.

En étudiant, comme nous l'avons fait, ces deux derniers arrondissements sur place, on éprouve un serrement de cœur. On se croirait à cent lieues du Paris des places de la Concorde et de l'Etoile.

Çà et là des voies longues et sinueuses où se trouve entassée une population d'ouvriers et d'artisans, puis d'immenses terrains sans issue, et souvent sans emploi, principalement dans la partie du XIIe qui, avec le côté droit du faubourg Saint-Antoine, la Seine et l'ancienne Commune de Saint-Mandé, forme un immense carré long.

Quant au XXe arrondissement pour lequel déjà nous avons fait un travail spécial, sa situation est plus affligeante encore, c'est une véritable Sibérie parisienne.

Les quelques créations opérées dans ces quartiers pauvres ont été si mal exécutées qu'un abandon complet leur eût été moins funeste.

XX

LE XIe ARRONDISSEMENT

Dans la partie qui se dirige vers le centre de Paris, le XIe arrondissement s'est trouvé sensiblement amélioré.

Le boulevard du Prince-Eugène est une excellente création, mais cette grande voie a le malheur d'aboutir à la place du Trône, dont la situation est déplorable.

Le canal Saint-Martin, de la Bastille au faubourg du Temple, était un barrage à la circulation pendant le jour, en même temps qu'un danger durant la nuit, par la longueur énervante de ses deux rives toujours désertes.

Le canal Saint-Martin est aujourd'hui voûté; un magnifique boulevard, décoré du nom d'un grand industriel, de *Richard Lenoir*, le couvre heureusement.

On a construit pour le XIe une *Mairie* parfaitement disposée et d'une architecture qui n'est pas sans mérite.

Toute la partie de cet arrondissement, entre les boulevards du Temple, des Filles-du-Calvaire et de Beaumarchais d'un côté, et le boulevard du Prince-Eugène de l'autre, est dans une situation à peu près convenable.

Mais que dire de l'autre partie, comprise entre le boulevard du Prince-Eugène et les anciens boulevards extérieurs de Charonne, de Ménilmontant et de Belleville qui séparent le XIe du XXe arrondissement?

Cette zone, qui absorbe à peu près la moitié du territoire du XIe, semble avoir été complétement oubliée par l'Administration.

Dans cette situation fâcheuse, de modestes propriétaires, pour la plupart anciens ouvriers devenus patrons par leur intelligence et leur économie, ont eu la bonne inspiration de se réunir, de se grouper, de fusionner leurs intérêts en créant trois voies particulières, d'une largeur de douze mètres et qu'ils ont dénommées *rues Neuve-des-Boulets, de Nice, de Chambéry.*

Ces rues, bordées de trottoirs, bien éclairées au gaz, pourvues des eaux de la Ville, sont desservies par un cantonnier spécial qui les tient en bon état de propreté.

En dépit de ces antécédents qu'il faudrait toujours encourager, l'Autorité municipale a refusé jusqu'ici de recevoir ces rues au nombre des voies publiques de Paris.

Elle demande une cotisation à ces petits propriétaires, qui se sont imposé déjà des sacrifices très-onéreux qu'une Administration intelligente et humaine devrait leur épargner désormais.

Ce serait faire acte de sagesse que d'adopter les mesures que nous proposons au nom de ces propriétaires, avec la bonne intention de bien servir l'Administration municipale :

1° Admettre ces trois rues comme *voies pu-*

bliques, c'est-à-dire à l'entretien de la ville de Paris;

2° Prolonger la rue Neuve des-Boulets : d'un côté, jusqu'au boulevard du Prince-Eugène, la continuer, de l'autre, jusqu'au boulevard de Charonne ;

3° Fusionner enfin cette rue Neuve-des-Boulets, ainsi prolongée au Nord, avec le projet qui part de la place de la Réunion, dans le 20e arrondissement (ancien Charonne).

Ce prolongement de la rue Neuve-des-Boulets, qui serait peu coûteux relativement, pourrait exercer une heureuse influence sur cette partie du XIe arrondissement, surtout si la Ville expropriait pour son propre compte.

Dans cette situation, une fois maîtresse des terrains en bordure, l'Administration municipale devrait dire : « Comme j'entends avoir raison un » jour de la cherté excessive des petites locations, » je vends ces terrains à prix coûtant. Mais, at- » tendu que ce prix est excessivement avanta- » geux, j'impose aux acquéreurs l'équitable obli- » gation de construire dans un délai qui n'excé- » dera pas une année. »

L'Administration municipale a concédé, il y a une dizaine d'années, à une Société financière, dite *Compagnie lyonnaise*, l'exécution d'une voie qui, partant de la place du Trône, se fusionne avec le boulevard de Ménilmontant. Cette voie s'appelle *Avenue de Philippe-Auguste*.

On comprend aisément toute l'influence heureuse que cette artère, dont le développement est de plus de 1,000 mètres, pouvait exercer sur cette partie du XIe arrondissement.

Il n'en a rien été ; l'avenue de Philippe-Auguste est bordée, dans toute sa longueur énervante, de tristes clôtures en planches. Pourquoi cette situation déplorable ? Parce que la Compagnie concessionnaire, qui se trouve maîtresse d'une zone considérable, établit ses lots de terrains à des prix qui ne trouvent pas d'acquéreurs.

Mais supposons l'exécution peu coûteuse de cette voie par la Ville. Comme une grande administration qui se respecte ne se fait pas marchande de terrains, elle doit toujours présenter des avantages sur une Compagnie. N'ayant pas besoin de réaliser des bénéfices, il eût été facile à l'administration de vendre à de meilleur marché les terrains en bordure. Partant de cette vérité, la seule obligation parfaitement motivée par l'intérêt général que la Ville était en droit d'imposer, s'appliquait à la nécessité de construire dans un délai aussi court que possible. En administrant ainsi, elle eût trouvé certainement des acquéreurs, et l'avenue de Philippe-Auguste serait entièrement bordée d'habitations. Elle compterait aujourd'hui plus de 500 maisons à petites locations, renfermant au moins 4,000 ouvriers et artisans.

A cette objection que l'Autorité municipale pourrait nous faire : la loi ne me permet pas de me rendre toujours maîtresse de terrains en bordure, nous répondrions : « mais d'où vient que vous seriez impuissante à réaliser par vous-même, dans les quartiers pauvres, ce que vous avez permis si libéralement dans les quartiers riches à des Compagnies financières, pour le compte desquelles vous avez poursuivi les expropriations ? »

En limitant notre argumentation à l'avenue de Philippe-Auguste, peut-on supposer un seul instant que l'Administration municipale, se réservant l'exécution de cette voie, n'eût obtenu des propriétaires un abandon de terrain aussi considérable que la zone dont s'est emparée la Compagnie concessionnaire.

Inutile d'insister. Personne ne pourrait admettre qu'une grande administration, parlant et agissant au nom de l'intérêt général, pût être écoutée moins favorablement qu'une Société de capitalistes, qui ne poursuit qu'une seule idée que tout le monde connaît : gagner de l'argent !

Après l'achèvement du boulevard du Prince-Eugène, l'Administration municipale a commncé la reconstruction de l'*Église Saint-Ambroise*, dans des proportions plus vastes et mieux en rapport avec la grande voie où elle est située et l'accroissement de sa circonscription paroissiale.

Aujourd'hui, cet édifice religieux se trouve terminé; la beauté de son architecture en a fait un des monuments les plus remarquables de la ville de Paris, qui comptait déjà un certain nombre de magnifiques églises.

Mais l'Administration municipale a le malheureux défaut de ne jamais compléter ses travaux. Saint-Ambroise est sur une place mesquine, vulgaire, en partie obstruée par de misérables constructions qui contrastent, d'une manière fâcheuse, avec la splendeur de ce monument religieux.

Cette église manque également d'accès du côté du Midi. Pourquoi n'avoir pas ouvert dans l'axe de l'édifice religieux une voie qui aboutirait au boulevard Beaumarchais? Dans une ville comme Paris, où l'on rencontre çà et là, partout, des monuments remarquables, il faudrait leur ménager d'heureuses perspectives.

Tout en portant un vif intérêt à nos églises nouvelles, il ne faut pas cependant oublier les anciennes. Parmi ces dernières, il en est une, l'*Église Sainte-Marguerite*, qui se trouve aujourd'hui complétement insuffisante par suite de l'accroissement de la population agglomérée de la partie au Nord de la grande rue du Faubourg-Saint-Antoine.

L'agrandissement de l'église Sainte-Marguerite est une nécessité des plus urgentes.

Cet édifice religieux nous rappelle un triste souvenir. Dans son cimetière furent déposés, le 10 juin 1795, à sept heures du soir, les restes du jeune Louis XVII, mort prisonnier dans la tour du Temple. On l'inhuma d'abord dans la fosse commune. La nuit suivante, le cercueil qui contenait le corps du pauvre enfant fut enlevé secrètement et déposé dans une autre partie du cimetière. Une ordonnance royale rendue le 14 février 1816, après le vote d'une loi dont Chateaubriand avait été le promoteur, prescrivit l'érection d'un monument à la mémoire de Louis XVII; mais on dut renoncer à son exécution par l'impossibilité de retrouver ses tristes débris. Le cœur du prince, conservé, dit-on, par le docteur Pelletan, lors de l'autopsie, fut déposé dans un vase de vermeil qui demeura longtemps en dépôt à l'Archevêché. Ce vase, ajoute-t-on, aurait été, le 14 février 1831, la proie des insurgés qui pillèrent l'Archevêché. — Ce cimetière Sainte-Marguerite existe encore, mais dépouillé d'une partie de ses tombes; il a son entrée dans la rue Saint-Bernard, au n° 38.

Ne quittons pas le faubourg Saint-Antoine sans rappeler que la maison n° 210 appartenait au fameux *Santerre*, qui s'élança d'une brasserie pour diriger les masses qui attaquèrent, au 10 août, le palais des Tuileries. A la mort du brasseur, on lui fit cette épitaphe qui rappelle son ancienne profession :

Ci-gît le général Santerre,
Qui n'eut de Mars que la bière.

Au n° 303, à l'angle de la rue des Boulets, on voit une maison d'assez belle apparence, mais dont les fenêtres sont garnies de barreaux de fer. Sur la porte d'entrée, on lit ces mots : *Maison de santé*. Dans cet établissement avait été transféré, en 1812, le général *Malet*, compromis dans un complot. Le général s'évada le 22 octobre de cette maison pour mettre à exécution une nouvelle tentative qui eut un commencement de succès. Arrêté, Malet fut condamné à mort et fusillé le 29 octobre.

Mais revenons dans le XIe arrondissement, et demandons à l'Administration pourquoi le *boulevard des Amandiers* n'est pas encore exécuté. Cette voie, dont l'amorce est indiquée sur la place du Château-d'Eau, coupera le boulevard Richard-Lenoir, écornera la rue de la Folie-Méricourt pour traverser la rue Oberkampf.

De cette voie, le tracé se poursuivra jusqu'à la rue Saint-Maur, pour se continuer ensuite, en traversant d'immenses terrains, jusqu'à l'emplacement où s'élevait l'ancienne barrière des Amandiers.

Il serait également intéressant, pour la partie opposée du XIe arrondissement, que l'Administration rectifiât, comme nous l'avons déjà demandé, les rues du Faubourg-Saint-Antoine, de Charenton, de Charonne et de la Roquette, à leur débouché sur la place de la Bastille.

XXI

LE XXe ARRONDISSEMENT

Après avoir parlé du XIe arrondissement, il paraîtrait naturel de nous occuper du XIIe, qui vient après dans l'ordre numérique.

Mais ces deux arrondissements se touchent à peine à l'une de leurs extrémités, tandis que le XIe est presque toujours en contact, au Nord-

Est, avec le XXe arrondissement ; il existe donc entre ces deux derniers une espèce de solidarité qui nous défend de les désunir.

Après le XXe, dont nous allons nous occuper tout de suite, viendra le XIIe, et nous terminerons notre travail par les Communes de l'Est.

Cette classification a cela d'avantageux, au point de vue administratif, qu'elle rappelle aux lecteurs qu'une partie de Saint-Mandé, commençant la série de ces Communes, s'est trouvée absorbée, en 1860, pour la formation du XIIe arrondissement de Paris.

Ce qui reste de cette Commune est appelé à se fusionner avec les améliorations que réclament le bois de Vincennes, les grands établissements qui l'avoisinent et les projets qui doivent être exécutés au profit du XIIe ardissement.

Le XXe arrondissement, auquel nous avons déjà consacré un ouvrage spécial, est formé de Ménilmontant, de Charonne et de la partie la plus pauvre de Belleville. Aujourd'hui, par l'augmentation toujours croissante de sa population indigente et son manque absolu de ressources intérieures, le XXe est un des plus malheureux de nos arrondissements excentriques. Rappelons pour mémoire sa circonscription. Il est limité, au Nord, par la voie militaire ; au Midi, par les anciens boulevards extérieurs ; à l'Ouest, par la grande rue de Belleville ; à l'Est enfin, par l'avenue de Vincennes.

On sait que nos arrondissements excentriques ont été formés, en 1860, par l'annexion à Paris d'une grande partie des anciennes Communes constituant ce qu'on appelait *la banlieue* de cette Ville.

Voici à ce sujet un rapprochement qui n'est pas sans intérêt.

Dans cette zone devenue parisienne depuis dix années, on comptait, en 1760, cinquante-deux habitations princières avec des parcs magnifiques, des bois d'une vaste étendue, puis des champs, des prairies immenses, toujours cultivés avec soin.

Châteaux, parcs, bois, prairies, presque tout a été démoli, morcelé, détruit.

Il n'est pas sans intérêt de reproduire l'aspect de ce territoire en 1770.

A peu près au centre se dressait l'ancien *Château de Ménilmontant*, qu'on appelait alors *le Retrait-Pompadour*. Ce château de la belle marquise est aujourd'hui occupé par un orphelinat desservi par des religieuses, bonnes et douces sœurs de charité, qui suivent une règle bien différente de celle que pratiquait la *belle damnée*, comme l'appelait Marmontel, alors qu'il papillonnait autour de Cotillon II. Mais, puisque le mot charité s'est heureusement trouvé sous notre plume, disons que la marquise de Pompadour, maîtresse de Louis XV à Versailles, était humaine et bienfaisante à Ménilmontant.

Dans un acte remontant à l'année 1768 et qui établit la propriété d'un champ, nous lisons cette phrase :

« Lopin de terre d'un quart d'arpent en-
» viron, avec maisonnette et grange, au lieu dit les
» Montibœufs, donnés par Mme de Pompadour à
» Jeanne-Mathurine Bécheux, gardeuse de mou-
» tons, pour lui faire une dot et qu'elle épouse
» son amoureux, Pierre-Eustache Corterousse,
» nourrisseur à Charonne. »

Voilà un titre de propriété qui serait un excellent placet à présenter à Dieu en faveur de la marquise, qui certes, doit en avoir besoin.

Le château de Ménilmontant, ce retrait-Pompadour, avec ses dépendances, absorbait le quart environ du XXe arrondissement actuel. Après la mort de la marquise, ses héritiers démembrèrent cet ancien domaine, dont une partie fut achetée par Mme Favart, que courtisait un peu militairement le maréchal de Saxe, sans préjudice de l'abbé Voisenon. De nos jours, le père Enfantin fonda tout à côté la maison des *Saint-Simoniens*.

Ne quittons pas le Retrait-Pompadour sans rappeler qu'il existait un chemin conduisant du château à l'église de Charonne, d'où revenait toujours la marquise avec de bonnes idées matrimonales qu'appréciaient les jeunes filles en quête d'amoureux par-devant M. le curé. Ce chemin est indiqué sur le plan des environs de Paris, en 1760, sous le nom de *chemin du Retrait*. Un ancien maire de Belleville, dont Ménilmontant n'est qu'une excroissance, ne connaissant pas la signification du mot *retrait*, crut devoir remplacer cette appellation par une autre qu'il ne comprenait pas davantage. Le digne magistrat appela l'ancien chemin *rue du Ratrait*, dénomination que nos Édiles actuels de Paris ont pieusement conservée.

Le même Magistrat, qui baptisait avec tant d'à-propos les rues de sa Commune, donnait d'une singulière façon les alignements aux propriétaires qui désiraient bâtir des maisons en bordure des voies publiques de Belleville. C'était une touchante cérémonie pour M. le Maire qui savait mettre d'accord ses fonctions municipales avec sa profession de tonnelier.

Le garde champêtre, tambour en même temps, ouvrait la marche et frappait sur sa peau d'âne avec acharnement; puis suivaient les pompiers de Belleville, au nombre de quatre; enfin le Maire avec son écharpe qu'il ne quittait même pas au lit, soutenant à sa femme que tout devait se faire administrativement. — Les adjoints et les notables de l'endroit fermaient la marche et complétaient le cortége.

L'usage qu'on disait immémorial, était de faire une station chez chaque marchand de vin. Le Maire demeurait fidèle à cette bonne tradition, le tonnelier y trouvait également son compte.

Arrivé au terrain sur lequel on devait bâtir, M. le Maire empruntait soudain le sabre du garde champêtre et traçait, avec la pointe de l'arme magistrale, l'alignement demandé.

Si vous m'adressez maintenant cette question : Pourquoi les anciennes rues de Belleville et de Ménilmontant sont-elles toutes si étrangement alignées, que les maisons d'une même voie ressemblent aux dents d'une scie? — Nous vous répondrons : C'est qu'il y avait alors pas mal de marchands de vins à Belleville comme à Ménilmontant et que M. le Maire était un magistrat trop bien appris, un tonnelier trop intelligent pour se brouiller avec le haut commerce de l'endroit.

Le parc de Ménilmontant était limité au Sud-Est par un autre domaine appelé le *Mont-Louis* et qui appartenait aux R. P. Jésuites; c'est aujourd'hui le cimetière du Père-Lachaise. Le chemin dit *des Partants,* séparait le Mont-Louis du parc de Ménilmontant. A peu près au milieu de ce chemin, on voyait encore, il y a une trentaine d'années, un petit bâtiment en forme de rotonde et qu'on appelait le *Pavillon du Roi.*

Voici en quelle circonstance on lui donna ce nom. Le 2 juillet 1652, le jeune Roi Louis XIV et le cardinal Mazarin vinrent demander aux Révérends Pères l'hospitalité dans leur maison de plaisance d'où l'on dominait la ville de Paris. Il s'agissait, pour le souverain et pour son ministre de suivre le mouvement de deux armées qui allaient se livrer bataille dans le faubourg Saint-Antoine. L'une de ces armées était commandée par le prince de Condé, alors en état de rébellion; l'autre, l'armée royale, obéissait au vicomte de Turenne.

L'emplacement était bien choisi. On avait placé Sa Majesté et sa suite dans un pavillon occupant la partie la plus élevée de ce domaine.

Par une manœuvre très-habile, Turenne, dont les troupes arrivaient en même temps du château de Vincennes, de Charenton et de Ménilmontant, enveloppait l'armée de Condé comme dans un immense filet. Encore quelques heures, et le Prince se trouvait acculé contre les murailles de la Bastille. « Voici qui est bien, dit Louis XIV, mon » cousin de Condé veut faire la guerre aux fleurs

» de lys, M. de Turenne mettra bientôt cet aigle » en cage et nous lui couperons les ailes. »

Bientôt un aide de camp apportait au Roi une dépêche du vicomte de Turenne; Louis XIV fit signe au cardinal d'en prendre lecture. Elle contenait, dit-on, ces mots : « Je tenais M. le » Prince entre les murailles de la Bastille et une » ligne de fer, quand *Mademoiselle*, ordonnant » qu'on ouvrît les portes, a fait pointer les » canons de la forteresse sur les troupes royales. » Il faut que je me retire lorsque j'allais » vaincre. »

Au moment où Mazarin achevait sa lecture, un dernier coup de canon se fit entendre; alors se tournant vers un groupe d'officiers :

« *Mademoiselle*, dit le cardinal, avait la pré- » tention d'épouser le roi de France, voilà un » boulet de canon qui vient de lui enlever son » mari. »

Cette partie du XXe arrondissement actuel rappelle un autre souvenir historique ; il est encore enveloppé de deuil et de sang.

Entre les n°s 34 et 36 de la rue du Ratrait,

s'ouvre un chemin qui va se perdre dans les buttes et qu'on appelle *Sentier des Partants*. A gauche, on voyait un champ qui portait le nom de ce sentier. Là, Fieschi, Pépin et Morey essayèrent leur machine infernale, dont l'effet fut si cruellement meurtrier dans la journée du 28 juillet 1835.

Au Nord-Ouest du village de Belleville on voyait encore en 1770, *le Parc Saint-Fargeau*, dont le propriétaire était appelé *marquis de Caraba*, en raison de la vaste étendue de son domaine.

Enfin, la *Ferme du Chanu*, les *Vignobles des Panoyaux, des Montibœufs*, et le *Clos des Cendriers* complétaient cet immense territoire dont l'aspect était plein de fraîcheur et de beauté. On eût dit un splendide jardin dont le sol s'inclinait vers la grande Ville pour la décorer à l'Est de Paris.

Aujourd'hui, ce territoire ne conserve aucun trait de ressemblance avec sa splendeur verdoyante d'autrefois.

A la place du magnifique domaine de Mont-Louis, un cimetière; un gouffre toujours béant;

les morts chassent au loin les vivants; cette marée montante ne s'arrête pas.

Au lieu du Retrait-Pompadour, des ruelles qui décrivent des courbes aussi nombreuses que les anneaux d'une vingtaine de serpents; sur une partie du Parc Saint-Fargeau, morcelé à l'infini, haché menu, une hideuse cour des Miracles : *la Villa des Chiffonniers* de la rue dite des Tournelles, triste assemblage d'ignobles cahutes bâties avec des plâtras, des tessons de bouteilles entremêlés de coquilles d'huîtres.

Sur le clos des Cendriers, autre cour des Miracles qui s'ouvre dans la rue des Partants. La cherté des petites locations est venue l'improviser au Midi du XXe arrondissement comme un nouveau témoignage de l'incurie de nos administrateurs.

On va voir les singulières idées qu'ils ont traduites dans cette Sibérie parisienne.

Disons d'abord que la grande rue de Belleville est la limite à l'Ouest du XXe arrondissement.

Lors de l'annexion à Paris des Communes suburbaines, il eût été très-facile, et relativement peu coûteux, d'établir une *Mairie provisoire* au centre du XXe, avec une location de 8 à

10,000 francs on pouvait en avoir le cœur net. Sait-on où l'on a placé cette Mairie provisoire, qui se trouve encore dans le même endroit après dix années d'existence? — A la limite rigoureusement extrême du XXe, dans l'ancienne guinguette échevelée de l'*Ile d'Amour*.

Aussi, pour tous les actes de l'état civil, les habitants de l'Est du XXe sont condamnés à des voyages de long cours, voyages bien plus pénibles autrefois qu'aujourd'hui. En effet, alors que la rue de Puébla n'était pas ouverte, il fallait, pendant les pluies et les neiges de l'hiver, durant les chaleurs tropicales de l'été, suivre des sentiers défoncés qui s'enchevêtraient dans la plaine.

En 1866, l'Administration se décide à faire droit aux incessantes réclamations des habitants; elle étudie un projet de *nouvelle Mairie;* sait-on l'emplacement qu'elle adopte ? Un terrain qui fait face au Père-Lachaise; de sorte que dans la salle des mariages les invités, en attendant l'écharpe municipale, auront pour se récréer la perspective des tombes qui émaillent le cimetière!

Que dire aussi de l'*Hôpital* qui va s'élever

également vis-à-vis le Père-Lachaise? C'est là sans doute une leçon philosophique donnée par l'ancien Préfet de la Seine aux pauvres malades; le cimetière leur annonce la fin de leurs souffrances.

Nos administrateurs décident l'exécution d'un *Marché* au profit du XXe arrondissement. Où place-t-on cet établissement? En plein cœur de population ouvrière? c'eût été trop naturel; on le construisit dans un désert.

L'ancien Ménilmontant, qui forme aujourd'hui le tiers du XXe arrondissement, ne possédait qu'une chapelle, une toute petite église sous le vocable de *Notre-Dame-de-la-Croix*. Établie depuis plus de trente années, à titre provisoire, disait-on, dans une propriété particulière, cette église était tellement insuffisante, que les jours de fête la plus grande partie des fidèles, ne pouvant y trouver place, étaient obligés de stationner sur la voie publique.

Les samedis surtout, les mariages et les enterrements s'y confondaient, et les invités s'y trouvaient pêle-mêle. Parfois, l'air manquait, il fallait sortir et il arrivait fréquemment que le cabaret s'emplissait des fidèles que l'église ne pouvait contenir.

Enfin, on commence la construction d'une église superbe, d'un splendide monument ; on l'a vu s'élever lentement, pierre à pierre ; maintenant il est terminé. La population de Ménilmontant n'attend plus qu'une seule chose : c'est qu'il lui soit possible d'entrer dans son église bloquée de toutes parts.

L'Administration municipale poursuit la création d'une voie qui, partant de l'ancienne barrière de la Villette, vient aboutir à l'avenue de Vincennes, en traversant les XIXe et XXe arrondissements.

Voyons comment cette voie, connue sous le nom de *Rue de Puébla*, a été réalisée.

Pour la formation d'avenues et de boulevards à l'Ouest de Paris, l'Administration municipale a taillé en plein drap. Dans le XXe arrondissement, au contraire, bien qu'elle opérât sur des terrains de 20 à 25 fr. le mètre, l'Administration n'a exproprié que les parcelles rigoureusement nécessaires à la nouvelle voie.

Qu'en est-il résulté?

A droite et à gauche, une longueur énervante de clôtures en planches.

Mais, c'est la partie de la rue de Puébla, entre la nouvelle Mairie en construction et la rue de Bagnolet, qui est curieuse à visiter; on se croirait dans les montagnes de l'Auvergne. A droite et à gauche se dressent des talus presque à pic et d'une hauteur considérable. A chaque instant les terres se détachent et tombent comme des avalanches sur la chaussée, au risque d'engloutir les passants.

Au moment où nous écrivons, la voie est interceptée entre la rue des Champs et celle de Bagnolet pour des réparations qui ne témoignent que trop de la mauvaise exécution des travaux. Quand cette partie de la rue de Puébla a été livrée à la circulation, le sol a fléchi, et l'on s'est aperçu seulement alors que la voie reposait sur des excavations.

Résumons aussi succinctement que possible les justes réclamations des habitants du XXe arrondissement :

Voici ce qu'ils demandent :

1° Achèvement de l'église Notre-Dame-de-la

Croix; nécessité urgente de donner accès au monument par la démolition des maisons situées rue de Ménilmontant et désignées sous les n^os de 51 à 71 inclusivement; suppression des immeubles portant les n°s 61, 63, 65 et 67 de la rue Julien-Lacroix;

2° Établissement d'un nouveau marché dans la partie médiane du XXe, c'est-à-dire dans la rue de Ménilmontant, entre l'ancien boulevard extérieur et le chemin de fer de Ceinture ;

3° Création de nouvelles Écoles et de Salles d'Asile dans la rue des Partants, à 100 mètres environ de la rue de Puébla ;

4° Augmentation du nombre des postes de police dans le XXe;

5° Établissement de bornes-fontaines, surtout dans les quartiers où la population est agglomérée;

6° Exécution du décret du 28 juillet 1862 en ce qui concerne la viabilité dans le XXe. — Voici un extrait de ce décret :

« ....Art. 5. Ouverture d'une rue C, de » 20 mètres de largeur entre la place de Ménil-

» montant et un rond-point à ménager derrière
» le cimetière du Père-Lachaise;

« Art. 6. Ouverture d'une rue D, de
» 20 mètres de largeur, destinée à relier le rond-
» point projeté derrière le Père-Lachaise à la
» Porte de Romainville;

» Art. 7. Ouverture d'une rue E, devant
» former sur 20 mètres de largeur la continua-
» tion de la rue C, à la porte de Bagnolet. »

L'exécution peu coûteuse de ces voies produirait dans la partie culminante du XXe, aujourd'hui sans animation, morte, le mouvement qui féconde et le travail qui moralise.

7° Accélération des travaux de la Mairie, dont la suspension avait duré pendant quatorze mois et dont la reprise, avec un petit nombre d'ouvriers est dérisoire;

8° Voûter le chemin de fer de Ceinture, comme on a couvert le canal Saint-Martin, dans le but de faire disparaître cette coupure dans la traversée de Ménilmontant;

9° Rectification de la rue de la Mare dans sa partie avoisinant le chemin de fer de Ceinture:

10° Régularisation de la rue des Partants et

son prolongement direct jusqu'au boulevard de Ménilmontant ;

11° Création d'une voie entre la place circulaire devant la nouvelle Mairie et la porte de Ménilmontant ;

12° Transformation de la voie militaire dans le XXe arrondissement ;

13° Transformation des anciens boulevards extérieurs faisant partie des XIe et XXe arrondissements ;

15° Création d'une 3e classe pour le chemin de fer de Ceinture ;

16° Continuation de la ligne d'omnibus des boulevards extérieurs de la rive droite jusqu'à Bercy.

Telles sont les justes réclamations que nous avons cru devoir reproduire en faveur du XXe arrondissement, le plus digne d'intérêt, parce qu'il est le plus pauvre.

XXII

LE XIIe ARRONDISSEMENT

Comme nous l'avons dit dans notre introduction, le XIIe arrondissement se compose des quartiers *du Bel-Air, de Picpus, de Bercy et des Quinze-Vingts*. Les noms de ces nouveaux quartiers rappellent ce qu'ils étaient autrefois et disent assez ce qu'ils sont aujourd'hui. Le Bel-Air, c'est la partie détachée de l'ancienne Commune de Saint-Mandé. Picpus représente la partie culminante du faubourg Saint-Antoine, côté droit de cette grande artère. Le quartier de Bercy était, avant 1860, la Commune du même nom; enfin, les Quinze-Vingts comprennent la partie basse et à droite de la grande rue du faubourg Saint-Antoine jusqu'à la Seine.

Commençons par le quartier des Quinze-Vingts, le plus rapproché de la place de la Bastille, notre point de départ dans cet ouvrage sur les quartiers de l'Est de Paris.

L'Administration municipale avait décidé l'exécution d'une grande voie en prolongement du pont d'Austerlitz par la rue Lacuée jusqu'à la place de Ménilmontant.

Cette voie, d'une incontestable utilité et qu'on désigne sous le nom d'*Avenue Lacuée,* est appelée à transformer les anciens quartiers des Quinze-Vingts et de Popincourt, et vraisemblablement plus tard une partie de l'ancienne Commune de Belleville, aujourd'hui XXe arrondissement de Paris.

Cette avenue est tracée dans l'axe du pont d'Austerlitz. La voie part de la place Mazas, emprunte la rue Lacuée, qu'elle élargit, coupe la rue de Bercy, transforme la rue Moreau jusqu'à la rue de Lyon, d'où elle se poursuit à pleins jalons pour atteindre la rue de Charenton à la hauteur des maisons portant les n°s 58, 60, 62, 77, 79 et 81.

Dans ce premier parcours, la voie aura 40 mètres de largeur.

Arrivé à la rue de Charenton, le tracé se brise

et la voie se réduit brusquement à 20 mètres.

A notre avis, cette réduction est une faute, parce que les terrains sont encore à bon marché dans ce quartier, et que la Ville devrait en profiter pour opérer grandement et d'un seul coup.

Quoi qu'il en soit, le tracé longe ensuite la rue Traversière, à peu près parallèlement et ressort par la rue du Faubourg-Saint-Antoine en face des n°s 98, 99, 101, 103 et 105.

En cet endroit, la voie subit une seconde brisure ; elle suit le passage du Bras-d'Or, coupe celui de la Bonne-Graine, et aboutit à la rue de Charonne, aux n°s 44, 46, 45 et 47.

De cette dernière, le tracé se continue, absorbe les trois quarts de l'emplacement du passage Mortagne, entame, vers son extrémité le passage Vaucanson et ressort par la rue Basfroi aux numéros 33, 35, 37, 36, 38 et 40, pour aboutir à la place de la Roquette, d'où elle se dirige vers la rue des Amandiers en traversant d'immenses terrains pour se continuerjusqu'à l'emplacement autrefois occupé par l'ancienne barrière de Ménilmontant.

Sur le plan officiel des 20 arrondissements de

Paris, le prolongement de l'avenue Lacuée s'arrête à la place de la Roquette, au lieu de se poursuivre jusqu'à la place de Ménilmontant.

Cette mutilation serait déplorable, encore plus pour le XXe arrondissement que pour le XIIe.

En effet, le XXe se trouverait privé d'une importante communication avec le Sud-Est de Paris et jusqu'à la barrière d'Italie.

En cettecirconstance, l'Administration n'aurait pas même le prétexte d'une économie, puisque la section supprimée bien à tort ne rencontrerait que des terrains d'un prix encore moins élevé que dans tout le parcours de la voie, du pont d'Austerlitz à la place de la Roquette.

Un des plus grands intérêts auxquels il importe de donner satisfaction est, sans contre dit, *la rectification du faubourg Saint-Antoine* à son débouché sur la place de la Bastille.

Cette rectification se combine avec la direction en ligne droite de la rue de Charenton sur cette même place.

L'Avenue Daumesnil a été créée comme parallèle à l'avenue de Vincennes; l'une ne pénètre dans les bois que du côté Sud-Est de

Paris ; l'autre ne se rattache qu'à la partie Nord-Est. Dans un de nos chapitres suivants nous démontrerons la nécessité d'aborder le bois de Vincennes franchement ; c'est-à-dire dans sa partie médiane. En ce qui concerne le XIIe arrondissement, constatons la faute administrative qu'on a commise en faisant emprunter au côté gauche de l'avenue Daumesnil le mur de soutènement du chemin de fer de Vincennes.

Au chapitre concernant la Commune de Saint-Mandé, nous dirons ce qu'il convient de faire pour atténuer cette faute.

L'Administration municipale a réalisé l'ouverture de la *rue Crozatier*, qui, de la rue du Faubourg-Saint-Antoine, aboutit au carrefour formé par les rues de Charenton et de Chaligny. Il faudra dans l'intérêt du XXe et du XIe arrondissement, continuer la rue Crozatier jusqu'au prolongement de l'avenue Lacuée, dont l'exécution doit être prochaine.

Il est question de construire la *nouvelle Mairie* du XIIe arrondissement sur la petite place formée par les rues Crozatier, de Charenton et de Chaligny.

C'est un projet important que notre Commission ferait sagement d'étudier.

Mais nous avons hâte d'arriver au quartier de Picpus et d'interpréter une des réclamations les plus justes que les habitants adressent vainement, depuis plusieurs années, à l'Autorité municipale.

Il s'agit de la construction d'un nouvel édifice religieux en remplacement de la petite *Église Saint-Eloi*, devenue complétement insuffisante.

En effet, lors de la construction provisoire de cette église, il y a quinze années, sa circonscription paroissiale renfermait à peine 9,500 habitants; ils sont aujourd'hui au nombre de 36,000. Cette augmentation provient des nombreuses démolitions effectuées dans le centre de Paris et qui ont refoulé nos classes laborieuses vers nos quartiers excentriques, principalement à l'Est de cette Ville.

Les enfants qui fréquentaient cette église et suivaient le catéchisme n'étaient dans le principe qu'au nombre de 600; ils dépassent 2,000 aujourd'hui.

Enfin, la petite église Saint-Éloi s'est trouvée

tellement insuffisante, que son digne curé s'est vu forcé, dans l'intérêt de ses paroissiens, d'établir à ses frais, dans la rue du Rendez-vous, une chapelle qui lui a occasionné une dépense de 30,000 francs. C'est là que se rendent les fidèles que l'église de Saint-Eloi ne peut contenir.

Mais cette installation provisoire, tout en étant d'une grande utilité, entraîne néanmoins l'inconvénient de fractionner le service religieux et d'enlever à Saint-Éloi une partie de son clergé, qui n'était pas même assez nombreux alors que la circonscription de l'église, dans le principe, ne renfermait que 9,500 paroissiens.

Il y a donc nécessité urgente de construire une église en rapport avec la population de ce quartier, qui tend chaque jour à s'augmenter.

Le nouvel édifice religieux serait bien disposé en face de l'église actuelle, sur une place demi-circulaire et en bordure du prolongement du boulevard de Bercy à la place du Trône,

Arrêtons-nous un instant à ce prolongement du *boulevard de Bercy,* dont l'exécution serait un bienfait pour les XIIe et XIIIe arrondissements de Paris. Cette voie établirait une communication des plus utiles entre la place d'Italie et la barrière du Trône.

On se demande pourquoi l'Administration municipale n'a pas accordé la priorité à cette voie, si manifestement nécessaire, sur tant d'opérations luxueuses qui pouvaient attendre.

Pour réaliser la section de ce prolongement, entre la rue de Reuilly et la place du Trône, une seule propriété importante est à exproprier.

Cette trouée faite, c'est le mouvement, c'est la vie qui pénètrent dans ce quartier.

La réalisation immédiate de cette section doit amener la transformation de *la Place du Trône*, dont la situation déplorable est le sujet des protestations les plus énergiques et des mieux fondées.

Nous croyons fermement qu'il y aurait un grand intérêt à former dans notre sein un comité spécialement chargé de poursuivre, sans désemparer, auprès de l'Autorité municipale, même plus haut s'il le fallait, la réparation d'un oubli qui s'est trop prolongé.

Et *Bercy* qui attend depuis dix années son *Entrepôt*. Pourquoi concéder à une Compagnie l'exécution de cet immense marché, alors que l'Administration se réserve la construction de quatre *Théâtres municipaux?*

Si nos Administrateurs s'étaient abstenus de faire des dépenses folles pour des salles de spectacle et des avenues parfaitement inutiles si ce n'est à la spéculation, Bercy posséderait depuis longtemps son entrepôt c'est-à-dire un établissement indispensable.

D'autres demandes également justes seraient à formuler en faveur du XIIe arrondissement, surtout en ce qui concerne *le quartier du Bel-Air*, Mais il ne faut pas oublier que ce quartier est en grande partie un démembrement de l'ancienne Commune de Saint-Mandé, dont nous aurons à nous occuper dans un des chapitres suivants.

XXIII

LA ZONE ANNEXÉE

L'action administrative que Paris exerce ne peut s'arrêter à ses nouvelles limites; elle doit s'étendre ou mieux rayonner sur toutes les Communes qui constituent sa nouvelle banlieue.

C'est pour avoir méconnu cette nécessité que la Ville va s'imposer aujourd'hui d'énormes sacrifices.

En effet, dès l'achèvement des fortifications, nos administrateurs devaient se préoccuper de l'extension immanquable et prochaine des limites de la ville de Paris.

Il fallait étudier le plan d'ensemble de la Capitale, non-seulement jusqu'au mur d'octroi condamné à la démolition, mais encore jusqu'aux talus gazonnés de la nouvelle enceinte.

Ces études terminées, il fallait les appliquer au moins en ce qui concernait les grandes voies, et préparer ensuite, par d'autres améliorations également urgentes, l'assimilation de ces Communes à la grande Cité.

La mesure de l'extension, excellente en principe, devenait alors équitable dans l'application.

Au lieu de procéder ainsi, que fait-on?

Brusquement, on accouple ces Communes à Paris; on met sur le même pied, par rapport aux taxes d'octroi de Paris, cette zone suburbaine à laquelle on n'a pas encore accordé l'aumône de la plus insignifiante amélioration, et la grande Cité, qui vient d'exiger à son profit une dépense de plus d'un milliard et demi.

Aussi, qu'est-il arrivé?

On a cousu des haillons sur la robe de pourpre d'une Reine; on a constitué dans Paris deux cités bien différentes et hostiles : la ville du luxe entourée, bloquée par la ville de la misère.

Pour atténuer ces contrastes fâcheux, ces inégalités dangereuses, l'Administration municipale est condamnée, de nos jours, à des dépenses excessives. Si l'on avait préparé, puis commencé l'assimilation de Communes suburbaines à Paris dès l'achèvement des fortifications, en 1846, la mesure de l'extension eût été bien moins coûteuse autrefois qu'aujourd'hui.

En effet, ce n'est pas avec une dépense de 1,500 millions qu'on pourra maintenant assimiler la zone annexée à la ville de Paris, même seulement sous le rapport du strict nécessaire; tant que cette égalité n'existera pas, l'ancienne banlieue aura droit de se plaindre.

Bien que l'étendue de Paris ait plus que doublé en soixante-dix années, quoique sa population ait triplé, même au delà, il est probable que cette ville, après avoir grandi si démesurément, n'aura pas besoin de briser de sitôt la digue que le rempart oppose aux flots toujours agités de sa population.

Mais le mur de granit des fortifications ne met pas obstacle aux nécessités impérieuses d'affaires, de circulation et de plaisirs qui existent entre le Paris nouveau et la banlieue nouvelle.

Notez bien surtout que l'attraction que Paris exerce sur nos provinces et sur l'étranger est bien autrement irrésistible aujourd'hui qu'à la fin du siècle dernier. La raison en est évidente ; aveugle qui ne la voit pas, insensé qui la nie.

Cette attraction s'opérait, il y a soixante ans, par 600,000 habitants ; elle s'exerce aujourd'hui par 2 millions d'âmes. La différence d'attraction s'explique par l'inégalité des deux chiffres; elle doit donner à penser à nos administrateurs : c'est un de ces points noirs qui grossissent, deviennent des nuages et renferment la foudre.

Bientôt va s'improviser, aux nouvelles portes de Paris, une banlieue immense, formidable, en présence de laquelle l'Administration ne saurait demeurer indifférente et glacée. Il faudra l'étudier, la surveiller au double point de vue politique et administratif, comme sous le rapport de la fusion de ses intérêts avec Paris.

L'ancienne banlieue était encore, il y a trente années, le rendez-vous des promeneurs parisiens, allant quêter dans les Communes suburbaines un peu d'air et de verdure.

Mais Paris, en se développant, a refoulé au delà de son enceinte presque tous les éléments de salubrité. C'est dans la nouvelle banlieue qu'il faut aller chercher maintenant ce que l'ancienne a perdu depuis son annexion à Paris.

Si la fortune a des préférences pour les campagnes à l'Ouest de Paris, nos classes laborieuses affectionnent par-dessus tout les promenades à l'Est de la ville.

Le souverain a bien senti cette vérité lorsqu'il a transformé le bois de Vincennes.

Beaucoup de bien a été fait; mais on va voir ce qui reste à faire pour compléter cette promenade à laquelle il faut assurer des abords dignes des beautés qu'elle renferme.

XXIV

LE BOIS ET LE CHATEAU DE VINCENNES.

Le plus ancien titre qui fasse mention de ce Bois est de l'année 847; il est appelé successivement *Vi-cenna*, *Vie-cenna, Vie-saine*, enfin Vincennes. Ce nom a servi de désignation au parc, au château, à la ville.

Les savants se sont évertués à chercher l'étymologie du nom de Vincennes. Sans avoir l'ambition de passer pour un érudit, nous croyons avoir été plus heureux, c'est-à-dire mieux renseigné par nos archives municipales de Paris.

A l'Est de cette ville, l'air qu'on respire a toujours été considéré comme plus pur, *plus savoureux que dans tout autre voisinage de Paris*. Aussi tous les médecins et tous les chirurgiens de nos anciens Rois conseillent d'envoyer les Enfants de France dans ce domaine orné d'un parc magnifique et d'un bois d'une vaste étendue.

Nos souverains eux-mêmes, lorsqu'ils sont souffrants ou fatigués par le travail, y vont chercher du calme et reprendre des forces. Sans aucun doute, c'est pour cette raison que ce domaine, si heureusement placé, est appelé, dans un grand nombre d'actes, *le Chasteau de Vie-saine*, de même qu'une habitation voisine est désignée, en raison de sa charmante situation sur les bords de la Marne, sous le nom de *Chasteau de Beauté.*

« Sire, disait au roi Charles IX maître Ambroise Paré, son premier chirurgien, on étouffe dans le Louvre, allez à *Vie-saine*, le bon air vous profitera mieux que toutes mes ordonnances. »

Lorsque les enfants de Henri IV sont malades, la reine Marie de Médicis les envoie dans cette résidence, dont le nom peut être altéré, mais dont la salubrité demeure proverbiale.

Louis XIV, dans sa jeunesse, est très-souvent conduit à Vincennes; Louis XIV mourant s'en souvient et ordonne que l'enfant, qui sera Louis XV, soit conduit dans ce domaine qu'on appelle Vincennes, sans savoir pourquoi, et qu'on devrait désigner sous le nom de *Vie-saine*, son ancienne appellation, ne fût-ce que par reconnaissance.

Comme habitation de nos souverains jusqu'à Louis XIV, Vincennes ne fut d'abord qu'une maison de plaisance : *Regale manerium*. Philippe-Auguste y séjournait pendant la belle saison. saint Louis préférait Vincennes aux autres résidences royales.

Le château s'éleva sur les ruines de la maison de plaisance qu'on appelait le *Retrait des Rois de France*. Une inscription gravée sur une table de marbre de la tour du donjon indique la part que trois de nos rois prirent à la reconstruction de cette habitation souveraine.

Premièrement Philippe Roys,
Fils de Charles, comte de Valois,
Qui de grand'prouesse habonda,
Jusque sur la terre la fonda,
Pour s'en soulacier et ébastre,
L'an mil trois cent trente-trois, quatre.
Après vingt et quatre ans passé,
Et qu'il estoit jà trépassé,
Le Roi Jean, son fils, cet ouvrage
Fit lever jusqu'au tiers étage;
Dedans trois ans par mort cessa.
Mais Charles Roy son fils laissa
Qui parfist en briesves saisons
Tours, ponts, braies, fossés, maisons.

Le manoir royal de Charles V, d'après les gravures qui nous sont restées, affectait la forme d'un parallélogramme régulier d'une vaste étendue; il était flanqué de dix tours. Celle du milieu, plus élevée, plus massive et qu'on appela bientôt la tour du donjon, servait d'habitation à la famille royale.

Le parc de Vincennes, d'une étendue de 1467 arpents, était planté de futaie de chênes, de charmes et d'ormes.

Ces arbres furent renouvelés en 1719.

La Sainte-Chapelle de Vincennes date de l'année 1379; le Roi voulut l'édifier en l'honneur de la Sainte Trinité et de la Vierge Marie.

A Charles V, surnommé *le Sage*, succéda Charles VI, que le peuple appela *le pôvre insensé*. Le Roi, la Reine et toute la cour habitaient d'ordinaire le château de Vincennes ; ils s'y trouvaient plus en sûreté que dans Paris.

« Au château du bois de Vincennes, dit Juvénal des Ursins, où la Reine tenoit son état, se
» faisoient, dit-on, maintes choses déshonnêtes, et
» y fréquentoient les seigneurs de la Trémouille,
» de Giac, Bourrodon (Bois-Bourdon) et autres. Les

» dames et demoiselles menoient grands et ex-
» cessifs états et portoient cornes merveilleuses,
» hautes et larges, et avoient de chaque côté, au
» lieu de bourrelets, deux grandes oreilles, si lon-
» gues que, quand elles vouloient passer l'huis
» (la porte) d'une chambre, il falloit qu'elles se
» tournassent et se baissassent. — La chose dé-
» plaisoit fort aux gens de bien. »

Charles VI, ayant eu connaissance des désordres de la Reine, résolut de s'en venger sur un de ses amants.

Un jour, le 3 mai 1417, Bois-Bourdon, sortait de son hôtel de la rue des Barres (1) pour entrer

---

(1) Cet hôtel de Bois-Bourdon, situé dans la rue des Barres, près de l'église Saint-Gervais, appartint ensuite aux seigneurs de Charni, qui lui donnèrent leur nom, que l'habitude avait conservé jusqu'à nos jours. On y avait établi quelques années avant la révolution le bureau de l'Administration générale des Aides.

Dans cet hôtel siégeait, en 1794, le Comité civil de la section de la Commune. C'est là que fut porté sur une chaise, le 10 thermidor à deux heures du matin, Robespierre jeune, qui s'était précipité d'une des croisées de l'Hôtel de Ville. Dangereusement blessé, il fut pansé à dans la rue Saint-Antoine, lorsqu'il rencontra le cortége du Roi qui se rendait à l'hôtel Saint-Paul. Le favori de la Reine commit l'insolence de ne pas saluer Charles VI. Le Roi fit à l'instant saisir le beau chevalier, qui, après avoir été confessé par le bourreau, fut cousu dans un sac de cuir et jeté dans la Seine avec cette inscription : *Laissez passer la justice du Roi !*

Quant à la Reine Isabeau de Bavière, à la femme adultère, elle fut exilée et dépouillée de ses richesses par le Dauphin son fils. On sait qu'elle s'en vengea en livrant la France au roi d'Angleterre.

Grâce à l'héroïsme d'une pauvre paysanne, grâce à Jeanne d'Arc, Charles VII reconquit son royaume ; il visita *souventes fois* Vincennes en

---

l'hôtel Charni, puis transféré au Comité de Salut Public, d'où on le conduisit à l'échafaud avec son frère et plusieurs membres de la Convention et de la Commune mis hors la loi. Cette habitation servit ensuite à la justice de paix de l'ancien IXe arrondissement, et devint plus tard une propriété particulière portant le n° 4. Cet hôtel a éte démoli en grande partie lors de l'ouverture de la rue du Pont-Louis-Philippe, en 1833.

compagnie d'Agnès Sorel, à laquelle il fit don de son *château de Beauté*, qui se dressait à l'Est de la forêt.

C'est à partir du règne de Louis XI que le château de Vincennes servit également de prison d'État.

Jamais prison n'a commencé sous un meilleur maître.

François Ier termina presque entièrement la Sainte-Chapelle. Il n'y manquait plus, à la mort du roi, que la sacristie, les boiseries et les vitraux qui furent exécutés sous Henri III.

Charles IX mourut au château de Vincennes, le 30 mai 1573, à l'âge de 25 ans, l'âme bourrelée de remords de l'horrible massacre de la Saint-Barthélemy. Ce Roi, dont l'existence fut si courte et si triste, dont l'agonie arracha des larmes, même à ses ennemis, avait des instincts généreux. — Charles IX était poëte!

Il avait dit à Ronsard, en ces vers dont ce dernier n'a jamais atteint le naturel et l'élégance :

Tous deux également nous portons des couronnes;
Mais Roi, je la reçois, poëte, tu la donnes.

On cite de Charles IX cet impromptu sur les princes de Lorraine :

> François Premier prédit ce point,
> Que ceux de la maison de Guise
> Mettroïent ses enfants en pourpoint
> Et son pauvre peuple en chemise.

Ces vers étaient prophétiques.

Henri III s'abrita souvent derrière les murailles du château de Vincennes ; lorsqu'il en sortit, les ligueurs trouvèrent dans les appartements du Roi des cassolettes à parfums ornées de satyres d'argent doré.

Dès l'entrée de Henri IV dans Paris, le 22 mars 1594, le château de Vincennes ouvrit ses portes au Roi. En 1598, Gabrielle d'Estrées y mit au monde un fils : César Alexandre de Vendôme, qui mourut prisonnier dans ce donjon.

Le 17 août 1610, Marie de Médicis posa la première pierre des grands bâtiments de la cour dite Royale. A cette cérémonie assistait le duc de Sully qui présenta la truelle d'argent au jeune roi Louis XIII, pour sceller la première pierre. Quatre ans après fut construit, pour les plaisirs du Roi, le petit parc; *c'était un jardin fort diversifié, entouré de fossés pleins d'eau.*

De nombreux prisonniers ont gémi dans ce terrible donjon de Vincennes.

Parmi ces prisonniers, nous citerons Bassompierre, le duc de Beaufort, le cardinal de Retz, le grand Condé, Fouquet, Lauzun, Mirabeau, le duc d'Enghien et les ministres du roi Charles X.

Bassompierre resta douze ans prisonnier, soit à la Bastille, soit à Vincennes, pour avoir osé résister au cardinal de Richelieu.

Bassompierre sortit de Vincennes le jour même des funérailles du grand ministre de Louis XIII.

Le maréchal disait à cette occasion :

« Je suis entré dans ce château pour le service de M. le cardinal, j'en sors également pour son service. »

Bassompierre était très-maigre lorsqu'il entra dans le donjon de Vincennes; il en sortit avec un embonpoint qui fit dire à la Reine Anne d'Autriche :

« Quand accoucherez-vous, monsieur le maréchal?

— Lorsque j'aurai trouvé une sage-femme, répondit Bassompierre. »

Louis XIII, qui l'aimait beaucoup, lui demanda son âge.

« Cinquante ans, Sire...

— Vraiment, fit le roi un peu étonné.

— Oui, Sire, mais déduction faite des douze années que l'on ne m'a pas permis d'employer à votre service. »

Mademoiselle de Balzac, que Bassompierre avait mise en colère, lui dit un jour :

« Je vous tiens pour un sot.

— Il n'a pas tenu à vous que je ne le devinsse, lui dit Bassompierre,

— Comment cela?

— J'ai failli vous épouser. »

Quant au duc de Beaufort, au *Roi des Halles*, s'il avait la bravoure de Bassompierre, l'esprit du maréchal lui faisait défaut, heureux encore quand il n'estropiait pas la langue.

Une balle lui ayant fait une contusion au bras, il disait que ce n'était qu'une confusion.

Il alla se loger rue Quincampoix, se fit marguillier de Saint-Nicolas-des-Champs et voulut, par ses manières, mériter le titre de roi des Halles. Un jour qu'il demandait au président de Bellièvre s'il ne changerait pas la face des affaires en donnant un soufflet au duc d'Elbeuf :

« Je ne crois pas, lui répondit le magistrat, que cela puisse changer autre chose que la face du duc d'Elbeuf. »

Beaufort s'échappe du donjon de Vincennes en 1649.

Après le duc de Beaufort, nous rencontrons dans le donjon de Vincennes Jean François-Paul de Gondi, cardinal de Retz, qui, pendant la guerre de la Fronde, se précautionnait d'un poignard en guise de bréviaire. Il avait eu pour précepteur Vincent de Paul ; on ne s'en douterait guère en voyant dans ses mémoires comment le jeune de Gondi se préparait à la prêtrise. «Je communiquai, » dit-il, mon plan à Artichi, frère de la comtesse » de Maure, et le priai de se servir de moi la » première fois qu'il tireroit l'épée. Il la tiroit » souvent, et je n'attendis pas longtemps. Il me » pria d'appeler pour lui Melbeville, enseigne- » colonel des gardes, qui se servit de Bassom- » pierre, celui qui est mort avec beaucoup de

» réputation, major général de bataille dans » l'armée de l'Empire. Nous nous battîmes à » l'épée et au pistolet derrière les Minimes du » bois de Vincennes. Je blessai Bassompierre » d'un coup d'épée dans la cuisse, et d'un coup » de pistolet dans le bras. Il ne laissa pas de me » désarmer, parce qu'il passa sur moi, et qu'il » étoit plus âgé et plus fort. Nous allâmes séparer » nos amis, qui étoient tous deux fort blessés. » Ce combat fit assez de bruit, mais ne produisit » pas l'effet que j'attendois. Le Procureur géné- » ral commença des poursuites, mais il les dis- » continua à la prière de nos proches, et ainsi je » demeurai là avec ma soutane et un duel.... »

L'abbé de Gondi voulut prendre sa revanche.

« Il ne tint pas à moi, dit-il, de me consoler » avec madame du Chastelet; mais comme elle » étoit engagée avec le comte d'Harcourt, elle me » traita d écolier. Je m'en pris à lui, nous nous » battîmes le lendemain au matin, au delà du » Faux-Bourg Saint-Marcel; il passa sur moi » après m'avoir donné un coup d'épée, qui ne » faisoit qu'effleurer l'estomac. Il me porta par » terre, et il eût eu infailliblement l'avantage si

» son épée ne lui fût tombée de la main, en » nous colletant. Je voulus raccourcir la mienne » pour lui en donner dans les reins; mais comme » il étoit plus fort et plus âgé que moi, il me » tenoit les bras si serrés sous lui que je ne pus » exécuter mon dessein. Nous demeurions ainsi » sans nous pouvoir faire de mal, quand il me » dit : Levons-nous, il n'est pas honnête de se » gourmer; vous êtes un joli garçon, je vous » estime... On ne parla que peu de cette affaire, » et je demeurai encore là avec ma soutane et » deux duels. »

L'abbé de Gondi ne se découragea pas.

« Peu de temps après, ajoute-t-il, je querellai » Praslin à propos de rien; nous nous battîmes » dans le bois de Boulogne, après avoir eu des » peines incroyables à nous échapper de ceux » qui vouloient nous arrêter. Il me donna un » fort grand coup d'épée dans la gorge, je lui » en donnai un qui n'étoit pas moindre dans le » bras... Je n'oubliai rien pour faire éclater ce » combat, jusqu'au point d'avoir aposté des » témoins; mais l'on ne peut forcer le destin, et » l'on ne songea pas seulement à en informer. »

Voyant qu'il n'y avait pas moyen de jeter le froc aux orties, l'abbé de Gondi résolut de se signaler dans la profession que son père et le sort semblaient lui imposer. « Je commençai, dit-il, » par une très-grande retraite, j'étudiois presque » tout le jour, je ne voyois que fort peu de » monde, je n'avois presque plus d'habitudes » avec toutes les femmes, hors madame de » Guémené. »

Après le duc de Retz, voici le grand Condé. Le lion ne se laissa pas mourir de langueur dans le donjon de Vincennes, il cultivait des œillets. Aussi mademoiselle Scudéri le complimentait en ces vers :

En voyant ces œillets qu'un illustre guerrier
Cultiva d'une main qui gagnait des batailles,
Souviens-toi qu'Apollon a bâti des murailles,
Et ne t'étonne plus que Mars soit jardinier.

Lors du transfèrement des Princes au Havre-de-Grâce, on leur fit l'honneur d'une véritable escorte, sous le commandement d'un officier général contre lequel le grand Condé composa ce couplet :

Cet homme gros et court,
Si connu dans l'histoire;
Ce grand comte d'Harcourt,
Tout couronné de gloire,
Qui secourut Casal et qui reprit Turin,
Est maintenant recors de Jules Mazarin.

Ce cardinal, qui peupla le donjon de Vincennes de tant d'hôtes illustres, s'y rendait de préférence lorsqu'il était souffrant. Le 6 mars 1660, il y dictait son testament à Maistres Nicolas le Vasseur et à François le Fouin, notaires, garde-notes du Chastelet de Paris. Le Ministre déclarait qu'il avait depuis longtemps formé le dessein d'employer en œuvres de piété et de charité une somme considérable des grands biens qu'il tenait de la divine Providence et de la bonté du Roi. Il ajoutait qu'il n'avait rien trouvé de plus utile que la fondation d'un collége et d'une académie pour l'instruction des enfants des gentilshommes ou des principaux bourgeois de Pignerol et de son territoire d'Alsace et pays d'Allemagne, de l'État ecclésiastique, de Flandre et de Roussillon. Pour consolider à jamais cette fondation, le cardinal légua deux millions en argent et 45,000 livres de rente sur l'Hôtel de Ville de Paris.

Cet établissement fut nommé *collége Mazarin*, puis *collége des Quatre Nations;* c'est aujourd'hui le palais de l'Institut.

Trois jours après avoir dicté son testament, le cardinal Mazarin rendait le dernier soupir, à Vincennes, dans l'appartement du rez-de-chaussée du pavillon du Roi.

La mort du ministre fut le commencement du règne de Louis XIV. Ce n'est pas à Versailles, mais bien dans le petit parc de Vincennes, que le Roi recueillit les premiers soupirs de sa plus charmante maîtresse. Un jour, Louis XIV se promenait avec mademoiselle de La Vallière dans ce petit parc si gracieusement dessiné. Tout à coup un orage éclate et les courtisans de s'éloigner. Le Roi et mademoiselle de La Vallière attendirent le retour du beau temps, abrités sous un massif de verdure et de fleurs.

Au moment où Louis XIV et la fille d'honneur de *Madame* rentraient au château, la pluie recommença de plus belle.

« Comte de Guiche, dit une précieuse de

la Cour en désignant au jeune gentilhomme mademoiselle de La Vallière qui s'essuyait furtivement les yeux, comte de Guiche, *il pleut à chaudes larmes.*

Le palais de Versailles enleva bientôt à Vincennes sa résidence royale; il ne daigna lui laisser qu'une prison d'État.

Le surintendant Fouquet y fut enfermé pendant quelques mois. Le financier gentilhomme, qui avait pris cette devise orgueilleuse : *quò non ascendam,* s'en vint mourir dans un cachot.

Après le surintendant Fouquet, voici le duc de Lauzun. Ce cadet de Gascogne avait de l'esprit, de la figure et surtout de l'audace. Il amusait Louis XIV, qui le nomma capitaine de ses gardes. Sa bonne mine fit la conquête de mademoiselle de Montpensier, qui laissa tomber aux pieds de son amant quatre duchés arrosés d'une vingtaine de millions.

Lauzun se mit dans la tête d'épouser mademoiselle de Montpensier, une petite-fille de Henri IV, rien que cela. Louis XIV envoya le cadet de Gascogne expier dans le donjon de Vincennes son outrecuidante prétention, et mademoiselle de Montpensier s'en alla pleurer sous les ombrages du château d'Eu celui qu'elle adorait avec le triste dévouement de la passion la plus romanesque et la moins bien partagée.

Mais voici un prisonnier d'une autre taille, il n'entre pas dans le donjon de Vincennes de par la volonté royale ; c'est son père qui le fait enfermer. Ce prisonnier, qui s'appelle Mirabeau, n'en est plus à son apprentissage de la réclusion. On lui enlève son linge, ses habits, son argent, ses livres, tout, hors sa plume, il s'en sert et laisse tomber du haut du donjon son fameux livre des *Lettres de cachet*.

Le futur tribun écrit dans son ivresse prophétique : « Hommes! ne serez-vous donc jamais las » d'appeler la tyrannie par vos maximes incon» sidérées, par votre fol enthousiasme, par vos » lâches flatteries, par votre stupide crédulité? » vous vous vendez vous-mêmes; vos maîtres » sourient de vos erreurs : ils les fomentent et » ils en profitent, ils s'habituent à l'usurpation ; » ils l'étendent sur tout; ils mettent le fait à la » place du droit; ils prennent les moyens pour la » fin; ils en viennent à se persuader eux-mêmes

» qu'ils peuvent impunément vous opprimer.
» Cette illusion les perdra sans doute ; mais vous
» souffrez en attendant la catastrophe, *et vous*
» *souffrirez encore lors de ce terrible dénoû-*
» *ment.* »

Mais quel est ce nouveau prisonnier? Un des descendants du grand Condé! On le conduit nuitamment dans le donjon de Vincennes. Le duc d'Enghien venait d'être arrêté à Ettenheim sur un simple rapport de police qui se terminait ainsi : « Des officiers de l'armée de Condé s'oc-
» cupent à s'organiser : ils s'entendent à cet effet
» avec le duc d'Enghien, et ils doivent se réunir
» prochainement avec lui, soit à Offenbourg,
» soit à Fribourg, soit dans tout autre lieu qui
» serait indiqué dans les instructions que l'on
» attend d'Angleterre. »

Le duc d'Enghien s'était marié secrètement dans sa retraite d'Allemagne avec la princesse Charlotte de Rohan. Les précautions dont il avait cru devoir entourer ses galants rendez-vous avec la princesse provoquèrent les premiers soupçons; on s'imagina que le prince conspirait;

il était tout simplement en bonne fortune avec sa femme.

Voici, d'après la *Correspondance* de l'Empereur Napoléon Ier, des documents officiels sur cette triste affaire :

Au général BERTHIER.

Paris, 19 Ventôse an XII (10 mars 1804).

Vous voudrez bien, citoyen Ministre, donner ordre au général Ordener, que je mets à votre disposition, de se rendre, dans la nuit, en poste à Strasbourg. Il voyagera sous un autre nom que le sien, il verra le général de la division.

Le but de sa mission est de se porter sur Ettenheim, de couvrir la ville, d'y enlever le duc d'Enghien, Dumouriez, un colonel anglais et tout autre individu qui serait à leur suite. Le général de la division, le maréchal des logis de gendarmerie qui a été reconnaître Ettenheim, ainsi que le commissaire de police, lui donneront tous les renseignements nécessaires.

Vous ordonnerez au général Ordener de faire passer de Chelestadt trois cents hommes du 26me de dragons qui se rendront à Rheinau, où ils arriveront à huit heures du soir.

Le commandant de division enverra quinze pontonniers à Rheinau, qui y arriveront également à huit heures du soir, et qui, à cet effet, partiront en poste ou sur les chevaux de l'artillerie légère. Indépendamment du bac, il sera assuré qu'il y ait là quatre ou cinq grands bateaux de manière à pouvoir y passer d'un seul voyage les trois cents chevaux.

Les troupes prendront du pain pour quatre jours et se muniront de cartouches. Le général de la division y joindra un officier de gendarmerie et une trentaine de gendarmes.

Dès que le général Ordener aura passé le Rhin, il se dirigera droit sur Ettenheim, marchant droit à la maison du duc et à celle de Dumouriez. Après cette expédition terminée, il fera son retour sur Strasbourg.

En passant à Lunéville, le général Ordener donnera ordre à l'officier de carabiniers qui a commandé le dépôt à Ettenheim de se rendre à Strasbourg en poste, pour y attendre ses ordres.

Le général Ordener, arrivé à Strasbourg, fera partir bien secrètement deux agents, soit civils, soit militaires, et s'entendra avec eux pour qu'ils viennent à sa rencontre.

Vous donnerez ordre, pour le même jour, et à la même heure, à deux cents hommes du 26e de dragons, sous les ordres du général Caulaincourt, auquel vous donnerez des ordres en conséquence, se rendent à Offenburg, pour y cerner la ville et arrêter la baronne de Reich, si elle n'a pas été prise à Strasbourg, et autres agents du gouvernement anglais dont le Préfet et le citoyen Mébée, actuellement à Strasbourg, lui donneront les renseignements.

D'Offenburg, le général Caulaincourt dirigera des patrouilles sur Ettenheim, jusqu'à ce qu'il ait appris que le général Ordener ait réussi. Ils se prêteront des secours mutuels.

Dans le même temps, le général de la division fera passer trois cents hommes de cavalerie à Kelh, avec quatre pièces d'artillerie légère, et enverra un poste de cavalerie légère à Vilstet, point intermédiaire entre les deux routes.

Les deux généraux auront soin que la plus grande discipline règne, que les troupes n'exigent rien des habitants. Vous leur donnerez à cet effet 12,000 francs à chacun.

S'il arrivait qu'ils ne pussent pas remplir leur mission, et qu'ils eussent l'espoir, en séjournant trois ou quatre jours, ou en faisant faire des patrouilles, de réussir, ils sont autorisés à le faire.

Ils feront connaître aux baillis des deux villes que, s'ils continuent à donner asile aux ennemis de la France, ils s'attireront de grands malheurs.

Vous ordonnerez que le commandant de Neuf-Brisach fasse passer cent hommes sur la rive droite, avec deux pièces de canon.

Les postes de Kehl ainsi que ceux de la rive droite, seront évacués dès l'instant que les deux détachements auront effectué leur retour.

Le général Caulaincourt aura avec lui une trentaine de gendarmes. Du reste, le général Caulaincourt, le général Ordener et le général de la division tiendront un conseil et feront les changements qu'ils croiront convenables aux présentes dispositions.

S'il arrivait qu'il n'y eût plus à Ettenheim ni Dumouriez ni le duc d'Enghien, on rendrait compte par un courrier de l'état extraordinaire des choses.

Vous ordonnerez de faire arrêter le maître de poste de Kehl et autres individus qui pourraient donner des renseignements.

BONAPARTE.

(*Correspondance de Napoléon Ier*, t. IX, page 354.)

Au citoyen RÉAL, chargé du premier arrondissement de la police générale.

La Malmaison, 24 ventôse an XII (15 mars 1804).

Citoyen Réal, Conseiller d'État, je reçois un courrier de Strasbourg. C'est dans la nuit du 23 au 24 que l'expédition a dû se faire. Il paraît certain que Dumouriez était à Etteinheim depuis un mois.

Vous trouverez ci-joint le rapport fait par l'envoyé de Mehée à Drake, une lettre de change, une lettre en encre sympathique écrite par Drake au général républicain, une note des individus arrêtés à Strasbourg, parmi lesquels le célèbre Demongé, qu'on a fait partir pour Paris, et la baronne de Reich, qui paraît avoir été arrêtée à Offenburg, un paquet intitulé : *carte pour avoir de l'or.*

Expédiez sur-le-champ un courrier à Strasbourg, pour que les individus portés sur la note comme dangereux et qui ne sont point arrêtés le soient sur-le-champ.

Ordonnez l'arrestation du curé de Saint-Laurent,

chez lequel demeurait la baronne de Reich. Il est impossible qu'il ne soit pas coupable puisqu'il donnait asile à cette misérable. Du reste, pour cette dernière arrestation, ordonnez à l'officier de gendarmerie de prendre les renseignements locaux du préfet.

Écrivez au général Caulaincourt que j'ai sa lettre, que si l'on capturait soit le duc d'Enghien, soit Dumouriez, il les expédie dans deux voitures différentes, sous bonne et sûre garde, et les dirige sur Paris.

Faites appeler dans la journée de demain le commandant de Vincennes, demandez-lui des renseignement sur les individus qui demeurent à Vincennes, sur la situation de ce château et sur l'endroit où l'on pourrait mettre des prisonniers.

Mehée est parti depuis deux jours de Strasbourg; il a passé par Bade et Fribourg. Faites-moi connaître s'il est à Paris.

BONAPARTE.

Il est nécessaire de garder quelque secret sur tout ceci.

(Même correspondance, t. IX, page 369.)

Au général MURAT, gouverneur de Paris.

La Malmalson, 28 ventôse an XII (19 mars 1804.)

Citoyen général Murat, j'ai reçu votre lettre. Si le duc de Berry était à Paris, logé chez Cobenzl, et M. d'Orléans, logé chez le marquis de Gallo, non-seulement je les ferais arrêter cette nuit et fusiller, mais je ferais aussi arrêter les ambassadeurs et leur ferais subir le même sort, et le droit des gens ne serait en rien compromis. Mais comme il est de toute impossibilité que ces ministres, sous peine de risquer leur tête, se fussent portés à une démarche aussi insensée, et comme, bien loin d'autoriser cette conduite, le cabinet de Vienne ne veut autoriser le séjour d'aucun prince français à Vienne, je ne veux faire aucune perquisition chez eux. Vous ferez bien de faire arrêter celui qui vous a donné cet avis, ce ne peut être qu'un misérable. Tout le monde sait, hormis les badauds, que les maisons des ambassadeurs ne sont point des asiles pour les crimes d'État. Ne vous laissez donc pas amuser par de pareilles folies. Rejetez cela bien loin et ne souffrez pas que devant vous on dise cela. Quant à la seconde partie, le prince Charles, vous sentez même combien cela est horriblement absurde. Le prince Charles est un homme brave et loyal auquel je suis particulièrement attaché, et Cobenzl et Gallo sont des hommes qui, bien loin de cacher des individus qui conspireraient contre moi, seraient les premiers à m'en donner avis.

Mon intention n'est pas même qu'il y ait aucune surveillance extraordinaire autour de leurs maisons.

Il n'y a pas d'autre prince à Paris que le duc d'Enghien, qui arrivera demain à Vincennes. Soyez certain de cela et ne souffrez même pas qu'on vous dise le contraire.

BONAPARTE.

(Même correspondance, t. IX, page 378.)

ARRÊTÉ.

Paris, le 29 ventôse an XII (20 mars 1804.)

Art. 1er. Le ci-devant duc d'Enghien, prévenu d'avoir porté les armes contre la République, d'avoir été et d'être encore à la solde de l'Angleterre, de faire partie des complots tramés par cette Puissance contre la sûreté intérieure et extérieure de la République, sera traduit à une commission militaire, composée de sept membres nommés par le général gouverneur de Paris et qui se réunira à Vincennes.

Art. 2. Le grand juge, le ministre de la guerre et le général gouverneur de Paris sont chargés de l'exécution du présent arrêté.

BONAPARTE.

(Même correspondance, t. IX, page 381.)

Au général MURAT, gouverneur de Paris.

La Malmaison, 29 ventôse an XII (20 mars 1804), 4 heures du soir.

Général, d'après les ordres du Premier Consul, le duc d'Enghien doit être conduit au château de Vincennes, où les dispositions sont faites pour le recevoir. Il arrivera probablement cette nuit à cette destination. Je vous prie de faire les dispositions qu'exige la sûreté de ce détenu, tant à Vincennes que sur la route de Meaux par laquelle il vient. Le Premier Consul a ordonné que le nom de ce détenu et tout ce qui lui serait relatif fût très-secret. En conséquence, l'officier chargé de sa garde ne doit le faire connaître à qui que ce soit; il voyage sous le nom de Plessis. Je vous invite à donner de votre côté les instructions nécessaires pour que les intentions du Premier Consul soient remplies.

Par ordre du Premier Consul.

(Même correspondance, t. IX page 382.)

Au citoyen HAREL, commandant du château de Vincennes.

La Malmaison, 29 ventôse XII (20 mars 1804), 4 heures du soir.

Un individu dont le nom ne doit pas être connu, citoyen commandant, doit être conduit dans le château dont le commandement vous est confié, vous le placerez dans l'endroit qui est vacant, en prenant les précautions convenables pour sa sûreté. L'intention du gouvernement est que tout ce qui lui sera relatif soit tenu très-secret et qu'il ne lui soit fait aucune question sur ce qu'il est et sur les motifs de sa détention. Vous même devrez ignorer qui il est; vous seul devrez communiquer avec lui, et vous ne le laisserez voir à qui que ce soit, jusqu'à nouvel ordre de ma part. Il est probable qu'il arrivera cette nuit. Le Premier Consul, citoyen commandant, compte sur votre discrétion et votre exactitude à accomplir ces différentes dispositions.

Par ordre du Premier Consul.

(Même correspondance, t. IX, page 383.)

Au citoyen RÉAL, conseiller d'État.

La Malmaison, 29 ventôse an XII (20 mars 1804).

Je vous envoie la lettre de Caulaincourt; il paraît que le duc d'Enghien est parti le 26 à minuit; ainsi il ne peut tarder à arriver. Je viens de prendre l'arrêté dont vous trouverez ci-joint copie. Rendez-vous sur-le-champ à Vincennes pour faire interroger le prisonnier. Voici l'interrogatoire que vous ferez :

1° Avez-vous porté les armes contre votre patrie?

2° Avez-vous été à la solde de l'Angleterre?

3° Avez-vous voulu offrir vos services à l'Angleterre pour combattre contre l'armée qui marchait sous les ordres du général Mortier, pour conquérir le Hanovre?

4° N'avez-vous pas eu des correspondances avec les Anglais, et ne vous êtes-vous pas mis à leur disposition, depuis la présente guerre, pour toutes les expéditions qu'on voudrait faire contre la France, à l'extérieur ou à l'intérieur, et n'avez-vous pas oublié tous les sentiments de la nature jusqu'à appeler le peuple français votre plus cruel ennemi?

5° N'avez-vous pas proposé de leur former une légion et de faire déserter des troupes de la République, en disant que votre séjour pendant deux mois près des frontières vous avait mis à même d'avoir des intelligences avec les troupes qui sont sur le Rhin?

6° Est-il à votre connaissance que les Anglais ont repris à leur solde et donneront encore des traitements aux émigrés cantonnés à Fribourg, à Offenbach, à Offenburg et sur la rive droite du Rhin?

7° N'avez-vous pas des correspondances avec les individus composant ces rassemblements et n'êtes-vous pas à leur tête?

8° Quelles sont les correspondances que vous avez en Alsace? quelles sont celles que vous avez à Paris? quelles sont celles que vous avez à Bréda et dans l'armée de Hollande?

9° Avez-vous connaissance du complot tramé par l'Angleterre et tendant au renversement du gouvernement de la République, et le complot, ayant réussi, ne deviez-vous pas entrer en Alsace et même vous porter à Paris, suivant les circonstances?

10° Connaissez-vous un nommé Vaudrecourt qui a été commissaire des guerres et a fait la guerre contre la République?

11° Connaissez-vous un nommé La Rochefoucauld, tous deux arrêtés, par suite d'une conspiration contre l'État?

Il sera nécessaire que vous conduisiez l'accusateur public qui doit être le major de la gendarmerie d'élite, et que vous l'instruisiez de la suite rapide à donner à la procédure.

BONAPARTE.

(Même correspondance, t. IX, page 383.)

Dans la nuit du 20 au 21 mars 1804, à l'issue de la délibération du conseil de guerre, le commandant Harel fit descendre son prisonnier jusque dans le fossé du *Pavillon de la Reine*. Le duc d'Enghien entendit la lecture du jugement qui le condamnait à mort ; il confia au lieutenant Noirot, à l'adresse de la princesse de Rohan, une boucle de cheveux et un anneau d'or. L'officier commanda le feu... et le sang du duc d'Enghien arrosa les fleurs de son aïeul, le grand Condé.

Après 1830, les ministres du roi Charles X furent enfermés à Vincennes. Le gouverneur eut à défendre les accusés contre des attroupements qui demandaient la tête des prisonniers. Mais le général Daumesnil avait su résister à bien d'autres assaillants; il déclara qu'il ferait au besoin sauter le château.

Les ministres furent transférés à la prison du Petit-Luxembourg, le 10 décembre 1830, et leur procès commença le 15. Les juges eurent le courage d'être indulgents, et les ministres de Charles X finirent par recouvrer leur liberté en passant par le fort de Ham.

Raspail, Blanqui, Barbès furent les hôtes du donjon de Vincennes, le 15 mai 1848. La même année on commença la construction du nouveau Fort, qui était achevé en 1852.

Aujourd'hui le Fort de Vincennes, compris

dans les fortifications de Paris, est l'un de nos plus beaux établissements militaires.

Revenons au Bois de Vincennes : En 1731 la clôture qui séparait le parc de Beauté du bois proprement dit, fut abattue, puis on renouvela toutes les plantations. En 1791 le bois de Vincennes, distrait des biens de la couronne, était classé au nombre des domaines nationaux. Peu de temps après, les 16 hectares du *clos d'Orléans* furent aliénés, et le 13 juin 1797 les administrateurs des domaines nationaux, les citoyens Guillotin et Duchâtel dressèrent le contrat de vente du *Petit-Parc*, au profit d'un sieur Castel.

Ainsi fut entamée la lisière du bois entre la Tourelle de Saint-Mandé et la Porte du Bel-Air.

Dans le 1er volume de l'annuaire du département de la Seine, le Bois de Vincennes figure en 1804 avec une contenance de 932 hectares. La superficie totale de ce domaine, en y comprenant le Château avec ses fossés, les enclos des Minimes et de Beauté, l'étang de Saint-Mandé, etc... est de 1,025 hectares.

La loi du 30 janvier 1810 mentionne ce qui suit : « VINCENNES avec les enclaves du bois de

» Beauté, dont l'échange sera consommé, pour les » réunir à la dotation de la couronne, 835 hectares » pleins, 122 hectares vides, total 957 hectares » de superficie, produisant moyennement 27,300 » francs.»

La loi du 2 mars 1832 sur la dotation de la liste civile enlevait au bois, pour les fortifications de Vincennes, 325 ares.

En 1844 fut établi entre la Marne et le fort un champ de manœuvre qui absorba 166 hectares, les plus belles parties du bois de Vincennes. Le nouveau fort et les redoutes voisines rongèrent encore 12 hectares.

Le 17 août 1853 la concession du *Chemin de fer de Vincennes* était accordée à la Compagnie de l'Est, dont le tracé mutila le pourtour du Parc, du Nord à l'Est, détruisit cette charmante allée de Fontenay et cette délicieuse oasis, connue sous le nom de *Fond de Beauté* ; 42 hectares furent ainsi dérobés à la plus belle partie du bois.

On a dit, pour excuser cette mutilation si coupable, que le tracé qui ravageait le bois de Vincennes était moins dispendieux que celui qui respectait cette promenade si éminemment parisienne.

Cette excuse, réduite à une misérable question d'argent, n'est qu'une aggravation de cet acte odieux dont la responsabilité remonte jusqu'au pouvoir qui l'a toléré.

L'horrible coupure infligée à la magnifique *Avenue de Vincennes* par le chemin de fer de Ceinture est tout aussi révoltante. Une économie peut-elle absoudre une administration municipale qui prend fait et cause pour une Compagnie financière, alors que cette économie préjudicie à la splendeur d'une grande Capitale?

Nous comprenons parfaitement que l'autorité supérieure ait consacré 16 hectares à l'établissement de l'*Asile Impérial de Vincennes*. Cette institution, empreinte d'un caractère si noble et si pur, sanctifie en quelque sorte ce sacrifice en faveur de nos ouvriers convalescents.

Mais morceler le bois de Vincennes, défigurer la plus belle des avenues qui rayonnent autour de la Capitale, et cela sans nécessité aucune, pour être agréable à des Sociétés financières, c'était faire de l'administration au détriment de la Ville de Paris et commettre un acte de vandalisme.

Le 20 juin 1860, une convention était passée entre l'État et la Ville de Paris ; en voici les principales dispositions :

« Le Bois de Vincennes, distrait de la dotation de la Couronne par le Sénatus-consulte du 20 juin 1860, est concédé en propriété à la Ville de Paris.

» La Ville sera tenue : 1° d'acquérir soit à l'amiable, soit par voie d'expropriation, s'il y a lieu, les terrains compris entre le bois de Vincennes et l'enceinte fortifiée de Paris, limités d'un côté par la route de Paris à Charenton, et, d'un autre côté, par le village de Saint-Mandé ; 2° de réunir au bois de Vincennes les terrains acquis en exécution de la disposition qui précède...

« La Ville est autorisée à aliéner telles portions du bois de Vincennes qu'il appartiendra JUSQU'À CONCURRENCE DE 120 HECTARES, y compris les superficies déjà vendues par la liste civile... »

Cette étrange convention a été sanctionnée par la loi du 26 juillet 1860.

Certes, les embellissements du Parc de Vincennes, pleins de goût et d'élégance, font l'admiration des Parisiens et des étrangers. On ne saurait trop exalter les charmantes dispositions de ses lacs et les points de vue si habilement ménagés.

Mais, hâtons-nous de le dire, on pouvait transformer le Bois de Vincennes sans lui faire payer si cher sa nouvelle parure.

Les 120 hectares qu'on lui a pris, toujours pour faire de l'argent, valaient mieux que cette plaine de Charenton qui peut être considérée comme un agrandissement de la promenade, jamais comme une compensation de l'amoindrissement du Bois de Vincennes.

Sans doute, la transformatiou de cette plaine est des plus heureuses. Mais les promeneurs, pendant les chaleurs tropicales de l'été, ne sauraient se risquer à traverser cet immense territoire dont les plantations sont trop jeunes pour offrir la moindre garantie contre les rayons brûlants du soleil. Cette partie du nouveau parc n'est possible que pendant l'hiver, alors que la végétation s'arrête, que la nature sommeille et paraît morte.

Nous avons sous les yeux le lotissement des parcelles qui restent à vendre, avec la désignation de celles qu'on a successivement aliénées; on peut dire qu'on a coupé dans le vif, taillé maladroitement massacré le bois de Vincennes, aux endroits où il était le plus beau, le plus respectable, le préféré de nos anciens Rois et des enfants de Paris, où l'ancienneté des arbres faisait l'âge de leur beauté et forçait le soleil à respecter les promeneurs.

Si nous comparons le plan du bois de Vincennes sous Louis XV, en 1770, avec un plan de 1870, on voit ce qu'on lui a fait de bien et ce qu'il a subi de mal, depuis un siècle. Le bien, nous l'avons dit : ce sont les heureuses dispositions réalisées de nos jours ; le mal, c'est d'avoir coupé en deux tronçons inégaux, et pour ainsi dire indépendants et bientôt hostiles, cet ancien domaine. En regardant le château de Vincennes, toutes les parties à gauche du polygone : Saint-Mandé, Charenton, forment une promenade à part et qui gagnera lorsque les plantations auront atteint l'âge de puberté. Mais en ce qui concerne la ceinture à droite, c'est-à-dire longeant Fontenay, Nogent, Saint-Maur, le bois, trop souvent morcelé, a cruellement souffert. Enfin, ce qui était parc s'est augmenté, ce qui était bois s'est amoindri. Avant tout, les arbres constituent la beauté et l'agrément d'une promenade; les plantations anciennes, donnant de la fraîcheur et de l'ombre, ayant été remplacés par des arbustes; en fin de compte, le bois de Vincennes a perdu.

Les Communes limitrophes gagneront-elles par la vente des terrains boisés ? Sans doute, après avoir abattu les arbres, on construira quelques habitations, et les maisons nouvelles augmenteront en apparence les ressources de ces Communes. Mais les constructions récentes ayant rongé les parties du bois aux abords de ces Communes, les maisons moins modernes et plus dans l'intérieur de ces anciens villages se trouveront par cela même reculées de cette promenade. Perdant ainsi une partie de leurs agréments qu'elles tiraient du voisinage immédiat du bois, elles subiront une dépréciation fâcheuse, principalement à Fontenay, Nogent et Saint-Maur.

A ces vérités qu'on ne peut méconnaître, les administrateurs de la Ville de Paris répondent :

« La cession du bois de Vincennes nous imposait des sacrifices considérables ; on nous obligeait à transformer cette promenade. Or, pour effectuer cette transformation, on a dépensé des sommes importantes. Il nous fallait des compensations, où les trouver? Dans la vente d'une centaine d'hectares à prélever sur le bois de Vincennes. »

Nous répliquons : étrange manière d'administrer, qui consiste à procéder à l'embellissement d'une promenade populaire en se procurant des ressources par sa mutilation.

Ce morcellement coupable ne pouvait être productif; les terrains boisés sont encore en grande partie invendus.

Il semble que les Parisiens, dont l'intelligence élevée est si généreuse, éprouvent une répugnance instinctive à se rendre complices de cette profanation.

Toutes les allées qui sont bordées d'écriteaux annonçant le massacre des arbres font peine à voir, tant elles semblent désolées de cette mutilation.

Il fallait ne pas entacher la transformation du

Bois de Vincennes en décimant ses plus belles plantations. Les ressources n'eussent pas manqué pour embellir sans regret et sans repentir la grande promenade à l'Est de Paris; l'Administration municipale pouvait facilement ajourner la réalisation de certaines avenues, à l'Ouest de cette Ville, pour consacrer à l'embellissement du bois de Vincennes les sommes épargnées.

Mais la prodigalité orgueilleuse et la parcimonie vulgaire semblent s'être mêlées et confondues dans tous les actes de l'Administration qui vient de sombrer.

Ainsi, d'un côté, elle s'est faite entrepreneuse de *Théâtres municipaux* qui lui coûtent avec leurs abords plus de vingt cinq millions, tandis que de l'autre elle abandonne, de gaieté de cœur, à des Compagnies financières la construction de *Marchés d'Arrondissements.*

Elle a grandit outre mesure la *Place du Château-d'Eau* et vend pour quinze cent mille francs de terrains dérobés à la *Place de la Bastille,* qu'elle amoindrit sans sourciller.

Elle improvise le magnifique *Square des Buttes*

Chaumont et prête la main à la mutilation du *Jardin du Luxembourg.*

Elle dépense plus de cent millions pour les abords du *nouvel Opéra*, puis ordonne, faute d'argent, la cessation des travaux dans tous les chantiers de *la Zone annexée.*

Elle peut se rendre maîtresse du domaine de *Monceau*, que la famille d'Orléans n'eût jamais refusé de céder à la Ville de Paris ; elle laisse un spéculateur traiter cette opération. Aussi nous n'avons qu'un square au lieu d'un parc magnifique, d'un précieux ventilateur pour Paris.

Tels sont les contrastes fâcheux, les inégalités choquantes qu'on rencontre à chaque instant, alors qu'on étudie cette Administration municipale qui a dépensé près de deux milliards en dix-sept années pour aboutir à l'interruption complète et douloureuse des grands travaux dans Paris pendant dix-huit mois.

Mais détournons nos regards de cette Administration pour nous occuper d'un établissement, précieux modèle de charité, dont l'idée première est un pieux enseignement et la réalisation une douce et pure consolation.

XXV

ASILE IMPÉRIAL DE VINCENNES

Pour les ouvriers convalescents

Les documents qui suivent sont extraits d'un article rédigé par le docteur Véron, article qui a paru dans *le Moniteur* en juillet 1860.

Chez tous les peuples civilisés, la charité, la bienfaisance se préoccupent de secourir la pauvreté, de soigner les malades, de protéger les infirmes, de recueillir les vieillards et les incurables. M. de Montyon, ce vénérable bienfaiteur de l'humanité (que d'infortunes bénissent encore aujourd'hui l'ubiquité de sa bienfaisance!), M. de Montyon songea même à venir au secours des convalescents sortant des hôpitaux.

Le 2 novembre 1819, M. de Montyon léguait aux hôpitaux une somme qui, en fin de compte, s'éleva à *quatre millions huit cent cinquante neuf mille deux cent vingt francs*. Cette somme fut placée en rentes sur l'État. Le revenu de ce capital devait être distribué *aux pauvres sortant des hôpitaux qui avaient le plus besoin de secours.*

Mme de Belvière, filleule de M. de Montyon, n'eut dans ce testament qu'un legs de 60,000 francs. On plaida.

Une transaction, approuvée par ordonnance du Roi, du 10 juillet 1822, accorda à madame de Belvière une somme de 500,000 francs.

Le 27 octobre 1824, une ordonnance Royale réglementait l'emploi des libéralités de M. de Montyon, définitivement acquises à l'Assistance publique. Nous avons étudié ce règlement ; on y trouve les articles suivants :

Art. 2. Un secours sera donné aux pauvres convalescents immédiatement à leur sortie des hôpitaux.

Art. 6. Tout convalescent sortant d'un hôpital (les maisons de santé, l'hôpital du Midi et l'hôpital des Enfants exceptés) recevra, s'il le demande, un secours qui consistera en un pain de trois livres et 75 centimes en argent.

Art. 8. Les secours seront applicables à tous les convalescents sortant des hôpitaux qui en auront besoin, qu'ils soient ou non portés sur les contrôles des bureaux de charité; mais ils ne devront les recevoir qu'après des renseignements recueillis sur leur position et sur le dommage résultant de leur maladie.

Des commissions furent nommées, des rapports furent faits au ministre de l'intérieur pour entourer de surveillance et de garanties la répartition des secours; mais insensiblement, par des classifications facultatives de malades ayant droit et de malades n'ayant pas droit, on en vint, sinon à annuler, du moins à trop restreindre la dispensation des libéralités de M. de

Montyon, par des éliminations nombreuses. L'Assistance publique parvint à réaliser chaque année des bonis considérables sur la fondation Montyon; pour les deux exercices 1842 et 1843, ces bonis s'élevaient à une somme de 111,704 fr. 70 c.

Le 23 janvier 1843, M. le comte Le Peletier d'Aulnay, dans un rapport au Conseil général de la Seine, reprochait à l'Assistance publique ces bonis annuels prélevés sur la fondation Montyon.

Loin de nous la pensée que la probité la plus sévère, que la plus régulière comptabilité n'eussent pas présidé à l'emploi des fonds dont l'Assistance publique disposait; mais la création d'une maison de convalescence n'eût-elle pas plus complétement rempli les vues, les intentions du fondateur? — On y songea.

En 1821, l'Assistance publique repoussa ce projet, faute, selon son dire, de moyens d'exécution. En 1837, elle écartait cette même question par les considérations suivantes :

Les médecins et chirurgiens des différents hôpitaux, disait-elle, *ne manqueraient pas d'envoyer à la convalescence les vieillards incurables, les phthisiques et tous autres individus atteints de maladies ne laissant aucun espoir de guérison et qui occuperaient les lits pendant un temps indéterminé, sans avantage pour eux et sans intérêt pour la science.* »

Depuis cette époque, la création d'une maison de convalescence ne fut même plus une question examinée.

L'Asile Impérial de Vincennes, pour les convalescents sortant des hôpitaux, est dû à la seule initiative de l'Empereur. Cette création a eu raison de toutes les préventions hostiles, de toutes les oppositions les plus persistantes. Assistance publique, Commission administrative, tout le monde s'était trompé, voire même les médecins.

L'Asile de Vincennes a été institué par décret du 8 mars 1855, pour recueillir temporairement, pendant leur convalescence, des ouvriers ayant reçu des blessures ou contracté des maladies dans le cours de leurs travaux.

Par décret du 28 octobre 1857, l'Asile de Vincennes est classé au nombre des établissements de bienfaisance et d'utilité publique.

Construction et emménagements terminés, l'inauguration de l'Asile Impérial eut lieu le 31 août 1857.

Seize hectares, pris sur le Bois de Vincennes, faisant alors partie du domaine de la couronne, ont été consacrés à l'installation de l'Asile. Adossés au bois de Vincennes, construits sur une terrasse assez élevée, aérés de toutes parts, les bâtiments en pierres, briques et moellons sont d'un aspect riant et simple. L'édifice se compose d'un corps de bâtiment principal, dominé par un pavillon central flanqué de deux longues ailes à deux étages, avec rez-de-chaussées, et précédé de bâtiments secondaires en retour d'équerre, formant l'entrée de l'établissement. Au centre est la cour d'honneur avec bassin et jet d'eau ; on y arrive par deux rampes demi-circulaires ornées de massifs d'arbustes, de fleurs et de gazon.

Au premier étage du pavillon central se trouvent la bibliothèque et une salle de jeu. Les deux ailes de l'édifice, dans leurs deux étages, sont subdivisées en chambres de chacune trois lits, toutes situées au midi, meublées simplement. Chaque malade a la jouissance d'une armoire fermée.

Les noms d'industriels célèbres ou de savants utiles distinguent les pavillons ou les galeries de l'Asile de Vincennes.

PAVILLONS. — *Franklin* (imprimeur, écrivain, inventeur du paratonnerre), *Mongolfier* (inventeur des ballons aérostats), *Mathieu de Dombasle* (agriculteur), *Gobelin* (teinturier), *Vaucanson* (mécanicien célèbre), *Jacquart* (inventeur des métiers à tisser la soie).

GALERIES. — *Oberkampf* (manufacturier sous le premier empire), *Boule* (menuisier ébéniste sous Louis XIV), *Galle* (graveur distingué), *Schwilgué* (médecin, mort en 1808), *Senefelder* (inventeur de la litographie), *Didot* (imprimeur), *Lenoir* (fabricant d'instruments de mathématiques, mort en 1810), *Brezin* (serrurier mécanicien fondateur d'un hospice destiné aux anciens de cette profession), *Heilmann* (mécanicien), *Gambey* (fabricant d'instruments de précision); *Daguerre* (inventeur du Daguerréotype), *Lebon* (inventeur de l'éclairage au gaz), *Argant* (mineur, inventeur de la lampe d'Argant), *Berthoud* (mathématicien et horloger), *Appert* (chimiste, inventeur d'un procédé pour la conservation des substances alimentaires).

Partout le grand air et le soleil, partout et jusque dans les magasins une ventilation permanente; aussi nulle part, même dans les meilleures maisons, du linge plus sec, plus frais qu'à l'Asile. Il n'a surtout aucune odeur.

Toutes les confortables innovations que réunit l'Asile des convalescents sont dues à M. Laval; c'est sur les plans de cet habile architecte qu'ont été construits les bâtiments d'un ensemble plein d'originalité et d'une exposition agréable autant que commode pour tous les besoins du service.

Dès le lendemain de l'inauguration, on recevait des convalescents à l'Asile Impérial.

Ces convalescents appartiennent aux catégories suivantes ;

1° Convalescents envoyés par les hôpitaux de Paris et de la banlieue;

2° Convalescents envoyés par les bureaux de bienfaisance;

3° Convalescents de blessures reçues dans les chantiers publics (chantiers où s'exécutent des travaux pour le compte de l'État et des Communes du département de la Seine) ;

4° Membres participants des sociétés de secours mutuels;

5° Ouvriers appartenant à des établissements dont les directeurs ont obtenu du ministre de l'intérieur l'autorisation d'envoyer, moyennant un abonnement, leurs convalescents à l'Asile, tels que les Chemins de fer, l'imprimerie Chaix, la maison Christophe, la maison Alexandre, la maison Lebaudy, la maison Foucart et Compagnie (gaz de l'Est);

6° On reçoit des ouvriers traités à domicile et munis seulement d'un certificat de convalescence délivré par leurs médecins.

C'est par la volonté expresse de l'Empereur que

l'Asile est aujourd'hui ouvert indistinctement à tout ouvrier convalescent.

L'Asile Impérial de Vincennes a fait construire deux omnibus : l'un dont les dimensions sont égales à celles des omnibus de Paris, l'autre offrant un moins grand nombre de places. Ces deux voitures élégantes portent les armes de l'Empereur.

Chaque jour, l'une ou l'autre des voitures, suivant les nécessités du service, va chercher des convalescents dans les hôpitaux de Paris et même à domicile ceux traités en ville.

Les mêmes voitures les ramènent dans Paris après guérison.

La première fois que le grand omnibus s'arrêta devant l'Hôtel-Dieu, en peu d'instants les curieux s'assemblèrent ; on se demandait à quel service cet omnibus armorié pouvait être destiné. Mais, lorsqu'on vit les pauvres convalescents, affaiblis par la maladie, sortir de l'hôpital et monter dans cette voiture élégante, dès qu'on sut qu'ils allaient être transportés à l'Asile Impérial, toute la foule d'applaudir. Comment ne pas être ému, en effet, à la vue de tous ces soins paternels prodigués par l'Empereur indistinctement à tous les ouvriers, à toutes les classes laborieuses?

Tels sont les faits les plus intéressants qui se rattachent à cette institution, précieux modèle de charité que les principales villes de l'Europe vont reproduire à l'envi.

Mais il est une lacune regrettable et qui porte préjudice à cet établissement. Si l'Asile Impérial possède deux voitures, les parents des convalescents n'ont point d'omnibus pour les conduire à cet établissement. Cette privation, bien sensible pour les familles, a motivé de nombreuses et très-justes réclamations, parmi lesquelles nous reproduisons la pétition suivante, parce qu'elle nous a paru la mieux sentie et la plus heureusement exprimée.

PÉTITION adressée le 18 *mars* 1868, *par M. l'Abbé Laval, aumônier de l'Asile Impérial de Vincennes, à S. M. l'Impératrice, patronne de l'Œuvre. — Asile Impérial de Vincennes. — Création d'une nouvelle ligne d'omnibus, A. I. V.*

I. — ITINÉRAIRE.

Tête de la ligne : la Place de la Bastille. — *Parcours de la ligne :* 1° *dans Paris*, la rue de Lyon et l'avenue Daumesnil; 2° *hors Paris*, l'avenue Herbillon, la route de Saint-Mandé à Charenton et la rue Neuve-Gabrielle. — *Terme de la ligne* : la place de l'Asile Impérial de convalescence au bois de Vincennes, dans le point central entre les deux clochers de Saint-Maurice et de Charenton.

Lettres indicatives des voitures de cette ligne AIV, qui sont les initiales *de l'Asile Impérial de Vincennes*.

II. — UTILITÉ DE CETTE LIGNE.

Entre la ligne des Arts-et-Métiers à Vincennes Æ, la ligne du faubourg Saint-Honoré à l'ancienne barrière de Charenton R, et la ligne du Louvre à Bercy S, il n'y a aucun service de transport dans des conditions favorables pour les voyageurs dont suit l'énumération : 1° *population fixe*, les habitants des plateaux de Charenton et de Saint-Maurice, ceux d'une grande portion de Saint-Mandé, ceux du quartier de Reuilly ancien et nouveau (*où récemment ont été créées par l'Empereur des Citées ouvrières*) et une partie aussi des quartiers de Saint-Éloi et de Saint-Antoine; 2° *population flottante*, les nombreux visiteurs de l'Asile Impérial de convalescence et de la Maison Impériale de santé qui l'avoisine; la foule affluente aux îles de plaisir du lac Daumesnil et aux tribunes des steeple-chases de Vincennes qui avoisinent aussi l'AIV; enfin les promeneurs du bois de Vincennes depuis le lac de Saint-Mandé, jusqu'au point de vue de Gravelle, et depuis le polygone et le champ des manœuvres militaires jusqu'à l'ancien parc de Bercy, et à Conflans.

Ces classes de voyageurs réunies assurent, dès maintenant, pour la nouvelle ligne une clientèle formée par une population fixe d'au moins 160,000 âmes, et par une population flottante incalculable. En outre, la création de cette ligne devant favoriser évidemment la vente des terrains, et la rapidité des constructions sur les clairières de Reuilly et de Saint-Mandé, de Saint-Maurice et de Charenton, les éléments de recette s'accroîtront journellement pour la Compagnie Générale sur la ligne de l'AIV.

Cette nouvelle ligne ne demanderait l'érection que de deux nouveaux bureaux : l'un à l'avenue

Herbillon, sur Saint-Mandé, et l'autre à la place de l'Asile Impérial, sur la lisière de Saint-Maurice et de Charenton.

III. — MOTIFS A L'APPUI.

Les chemins de fer de Lyon et de Vincennes passent aussi loin du centre de la ligne proposée que les trois lignes d'omnibus précitées ou Æ ou R ou S, et ne sont pas moins défavorables pour les voyageurs de Charenton, de Saint-Maurice, de l'Asile Impérial de convalescence, de la Maison Impériale de santé, du Parc et des Iles Daumesnil, du bois, du lac et du quartier principal de Saint-Mandé, etc., etc.

En effet, ces chemins de fer ont un inconvénient majeur, entre autres pour les voyageurs habituels de la banlieue, celui de ne leur donner, à *la gare d'arrivée à Paris*, aucun droit à aucune correspondance. Pour cette raison seule, on verra les voyageurs de Saint-Maurice, de Charenton et de Saint-Mandé affluer à la ligne de l'AIV, qui leur donnerait, à la Bastille, correspondance pour tous les quartiers de Paris.

De plus, le chemin de fer de Lyon n'offre aux voyageurs de la banlieue que des trains distancés entre eux, à des heures inégales, ce qui est très-incommode pour tout le monde. Puis il ne donne, pour la station de Charenton, que des 1res ou des 3mes classes, ce qui met les personnes obligées à circuler journellement de Charenton à Paris, et *vice versâ,* dans l'alternative ou d'élever beaucoup annuellement leurs frais de locomotion en prenant les 1res, ou de risquer, dans les 3mes, la rencontre de compagnies quelquefois désobligeantes. Enfin, les chemins de fer de Lyon et de Vincennes aggravent leurs conditions de transport aux jours de dimanche et de fête.

Quant aux bateaux de la Seine, ils ne peuvent servir utilement que les riverains du fleuve, et chaque jour ils cessent leur marche de très-bonne heure.

Laissant de côté d'autres motifs qui militent encore en faveur de la création d'une ligne AIV, il n'est plus ici nécessaire que d'alléguer une raison pour laquelle il importe de lui donner ces initiales.

La plupart des visiteurs de l'Asile Impérial de Vincennes vont directement à Vincennes, pensant tout naturellement se trouver là dans le voisinage de l'Asile de ce nom. Mais ils y apprennent que l'Asile Impérial de Vincennes *n'est pas à Vincennes* et qu'il faut l'aller *chercher à l'autre extrémité du bois*. Or, dans cette recherche, beaucoup de personnes se perdent au milieu de ce bois dont elles ne connaissent pas les routes.

Un omnibus portant les trois lettres initiales de l'Asile Impérial de Vincennes serait bien connu de tout Paris, et la regrettable erreur signalée n'aurait plus sa raison d'être.

Nous avons l'espoir qu'il sera fait droit prochainement à cette réclamation. Il importe toutefois que la solution de cette question soit poursuivie activement par notre comité *des Établissements religieux et charitables*, afin de faire cesser au plus tôt une lacune si préjudiciable à l'Asile Impérial de Vincennes.

XXVI

SAINT-MANDÉ.

Saint-Mandé tire son nom d'une chapelle placée sous l'invocation de ce saint, fils d'un roi d'Irlande et de la reine Giétuse. Ses reliques y furent déposées ; elles attirèrent bientôt un grand concours de fidèles. Près de cette chapelle un hameau se forma et s'étendit jusque dans l'intérieur du parc. Philippe le Hardi mit fin à cet envahissement en faisant démolir les maisons élevées sur ces terrains usurpés, et bientôt une nouvelle enceinte protégea ce domaine royal.

Alors les habitants de Saint-Mandé construisirent le long du mur qui limitait la nouvelle enceinte une rangée de maisons qui successivement formèrent une rue longue et tortueuse. Elle fut rectifiée partiellement, en 1781, dans son prolongement jusqu'à Charenton.

Nos anciens et dignes magistrats, les Prévôts des marchands et les Échevins de la ville de

Paris « *préferoient le séjour de Saint-Mandé à tous aultres, parce que*, disaient-ils, *nous sommes emprez de la Maison de Ville, et l'air qu'on y respire est plus savoureux que du costé du Septentrion.* »

Aussi le Prévôt des marchands, Jacques Sanguin, le successeur de François Myron, avait une habitation de plaisance à Saint-Mandé, *d'où il revenoit chaque soir coucher à Paris*, attendu qu'aucun magistrat ne pouvait quitter cette ville sans permission du Roi.

Un autre magistrat, Jérôme Le Féron, Prévôt des marchands de la ville de Paris, demeurait également à St-Mandé pendant la belle saison. Le lendemain de son élection, le 16 août 1646, il dit à son intendant : « Mathéus, tu vas mettre » en vente, le plus tôt possible, les maisons que je » possède dans Paris. Je ne veux pas qu'on puisse » me reprocher d'améliorer certains quartiers de » la Ville parce que mon intérêt est d'en agir » ainsi. » Quinze jours après cette recommandation les propriétés en question n'appartenaient plus à Jérôme Le Féron, qui entra Prévôt des marchands à l'Hôtel-de-Ville avec un revenu de

30,000 livres pour en sortir le 16 août 1649, n'en ayant plus que 15,000. — La différence avait été employée au profit de la Ville de Paris.

Un autre personnage, mais moins désintéressé que Jérôme Le Féron, avait une maison de plaisance à Saint-Mandé. Ce personnage s'appelait Nicolas Fouquet, marquis de Belle-Isle, surintendant des finances, Le 3 septembre 1661, en sortant du château de Nantes, il fut arrêté. Le maître des requêtes Boucherat reçut l'ordre du roi Louis XIV d'apposer les scellés sur les papiers de Fouquet. C'est dans un passage souterrain qui joignait sa propriété au parc de Vincennes que le surintendant lut à Gourville ce malencontreux projet de résistance et de fuite qu'il avait écrit quinze ans avant son arrestation, dans un moment où il croyait avoir à se plaindre du cardinal Mazarin. Ce projet, qui devint la base du procès, fut retrouvé derrière une glace où Fouquet l'avait placé.

Le surintendant occupa dans le donjon de Vincennes plusieurs pièces qu'on décora de meubles tirés de sa maison de campagne de Saint-Mandé.

C'est là que pendant le procès de son mari, qui dura quatre ans, madame Fouquet se retira ; elle y reçut du prisonnier la lettre suivante :

..... Le Roi m'a permis de vous écrire ce mot pour vous adresser ce diamant que je vous supplie de faire vendre, et du prix en provenant en donner un tiers au grand hôpital et les autres deux tiers en œuvres pies telles que vous ingérez meilleures soit à des pauvres honteux, soit à délivrer des *prisonniés* ou des autres employés semblables. Le prix doib estre au moins de **15,000** livres, néantmoins, après l'avoir fait voir à plusieurs orfebvres et autres personnes qui s'y cognaissent vous en tirerez ce que vous pourrez, mais il vaut davantage, je vous prie de donner un reçu à M. d'Artaignan dubs diamant comme il vous l'a remis entre les mains pour estre employé en aulmosnes afin que vous n'en soyez pas chargée...

Je vous supplie de prier Dieu qu'il me donne ce qui m'est nécessaire, et de le conjurer de vous conserver

FOUCQUET.

24 janvier 1662.

Le domaine du surintendant, dont la contenance était de 59 arpents (20 hectares) se trouvait renfermé dans le périmètre, aujourd'hui limité par la rue de l'Épinette, le chemin des Marais, la rue de la Demi-Lune et la grande rue de Saint-Mandé.

Le conseiller au Parlement, Titon du Tillet, qui habitait rue de Montreuil un hôtel dont il avait fait un véritable musée, fit pour les religieuses hospitalières de Gentilly l'acquisition de la maison de campagne de Fouquet. Ces religieuses y demeurèrent jusqu'en 1790. A cette époque, cette habitation devint propriété nationale et fut vendue plus tard en plusieurs lots.

A la porte du parc attenant à Saint-Mandé était une maison appelée la *Ménagerie*, qui devint la capitainerie des chasses de Vincennes. Cette ménagerie avait été construite par Charles IX ; elle renfermait des tigres, des lions et des léopards. Il en est question dans le compte des dépenses relatives aux réjouissances offertes à la cour de Louis XIV. — Dans le compte de l'année 1677, on lit :

« *A Jacques Petit-maire, gouverneur du sérail* » *des animaux*, 5,400 livres par an pour ses » gages, la nourriture de ses bêtes et l'entretien » de deux garçons. »

L'avenue du Bel-Air a été ouverte en vertu d'un arrêt du Conseil à la date du 3 mai 1697, sur une largeur de 21 toises (40 m. 93 c.) parallèlement au cours de Vincennes.

Cette avenue passait devant la ménagerie où se trouvent aujourd'hui le côté nord de la Place et la Station de Saint-Mandé. Cette voie portait alors le nom d'Avenue de la Ménagerie et traversait la grande rue sur un pont. En 1706, la ménagerie de Vincennes fut réunie à celle de Versailles, et l'avenue en question prit le nom du *Bel-Air*, en raison d'une grande habitation ainsi appelée et qui appartenait encore en 1704 à Jacques Petitmaire, sans doute petit-fils du gouverneur du sérail des animaux de l'ancienne ménagerie. Cet hôtel était situé à l'angle actuel de la grande rue de Saint-Mandé et de la rue Mongenot.

Dans l'avenue du Bel-Air, on remarque à gauche, en venant de Paris, un bâtiment plein d'élégance, orné de galeries avec un jardin spacieux et bien dessiné — c'est l'*Hospice Saint-Michel.*

Un ancien tapissier de l'Empereur Napoléon Ier, M. Boulard, ayant amassé une fortune considérable, fonda cet établissement en faveur de douze pauvres septuagénaires de Paris, c'est-à-dire un par arrondissement.

M. Boulard consacra près de douze cent mille francs à cette fondation. Sur cette somme 800,000 fr. ont été dépensés en frais de construction et de mobilier; le surplus a constitué 19,000 fr. de rente, employés annuellement en frais de nourriture et d'entretien des douze pensionnaires, de l'état-major et du personnel composé de sept personnes.

La dépense de chaque pensionnaire revient donc à 3,416 fr. de loyer, à 1,584 d'entretien ; soit à 5,000 fr. par année et par tête.

Les commensaux de cet hospice, ces privilégiés de l'infortune ne doivent pas être heureux pourtant.

Ce bien qu'on leur a fait, ils ne peuvent le partager; ils n'ont plus la joie de la famille.

Ils habitent des cellules étroites, car l'architecte, prodigue de décorations inutiles et mondaines, a été d'une avarice sordide pour les choses utiles. On les voit se promener tristement sous ces longs portiques ; ils portent un uniforme avec boutons aux initiales de Saint-Michel, espèce de livrée qui altère encore la bienfaisance.

M. Boulard n'aurait-il pas fait un meilleur usage de sa fortune s'il eût donné 500 fr. de rentes viagères à 120 personnes vivant au sein de leurs familles et partageant avec elles une aisance inespérée, en échange de ces soins que des mercenaires ne peuvent jamais donner avec intelligence, avec dévouement ?

Saint-Mandé ne saurait être considéré maintenant comme une simple Commune. C'est l'heureux trait-d'union entre le bois de Vincennes et la ville de Paris.

Aussi, Saint-Mandé est-il grandement intéressé aux améliorations du bois de Vincennes comme à l'embellissement des quartiers de Paris qui l'avoisinent.

L'un d'eux, d'ailleurs, le quartier *du Bel-Air*, est un démembrement de Saint-Mandé ; l'autre, celui *de Reuilly*, lui servait autrefois de limite.

Nos études concernant les abords du bois de Vincennes devaient donc comprendre de ce côté non-seulement la Commune de Saint-Mandé, mais encore les quartiers du Bel-Air et de Reuilly jusqu'à la place du Trône.

Chose incompréhensible, tout cet emplacement qui devait être, lors de la transformation du bois de Vincennes, compris dans le plan d'ensemble de ses abords, est resté dans l'isolement et dans l'ombre.

Cet immense territoire, faute de coupures intelligentes, est encore aujourd'hui sans valeur, sans animation, mort.

Comprend-on qu'il n'existe aucune espèce de fusion entre ces deux quartiers excentriques du Bel-Air et de Reuilly avec Saint-Mandé, et que cette Commune n'ait aucun accès direct vers sa partie médiane dans le bois de Vincennes? Cependant la véritable, la grande entrée du bois de Vincennes devrait être évidemment dans cette partie médiane de la Commune de Saint-Mandé. Il faut l'établir au moyen d'une grande voie qui, partant de la place du Trône, aboutirait au centre de la grande promenade de l'Est de Paris.

Rendons cette vérité administrative, claire, étincelante :

1° Une amorce de cette voie existe déjà sous

le nom de *Boulevard de Picpus.* Cette amorce a été faite avec l'intention évidente de la développer un jour jusqu'au bois de Vincennes, après avoir entr'ouvert Saint-Mandé précisément à l'endroit que nous indiquons.

2° Cette grande voie continue le boulevard du Prince-Eugène qui lui fait face et va se souder aux boulevards intérieurs, c'est-à-dire aux quartiers les plus beaux, les plus riches de Paris. Ainsi de la Madeleine on pourrait aller directement au bois de Vincennes, assister aux courses ou aux revues, en suivant la ligne des boulevards; c'est-à-dire la voie la plus agréable, la mieux variée, la promenade la plus splendide du monde.

Les autres voies présentent-elles les mêmes agréments et offrent-elles des avantages semblables?

Par le faubourg Saint-Antoine et l'avenue de Vincennes?

Mais en suivant cette direction, l'on n'aborde le bois de Vincennes que du côté Nord-Est; puis, le faubourg Saint-Antoine est énervant de longueur. Quant à l'avenue de Vincennes, le soleil et la poussière la font redouter pendant les chaleurs de l'été. Puis cette avenue fait peine à voir aux Parisiens depuis que le Chemin de fer de ceinture l'a mutilée si cruellement.

Par l'avenue Daumesnil?

Mais cette voie, qui souffre aussi d'une brisure, a le grand tort d'emprunter d'un côté le mur de soutènement du chemin de fer de Vincennes dans une partie considérable de son parcours. Les trains qui se succèdent rapidement font un bruit étourdissant qui fait cabrer les chevaux des équipages qui suivent cette voie pour se rendre soit au champ de courses, soit aux revues dans le Polygone de Vincennes.

De là de nombreux accidents ; ils seraient évités par l'ouverture de la grande voie diagonale de la place du Trône au centre du bois de Vincennes.

Ce boulevard deviendrait, en outre, le principe de la transformation de la Commune actuelle de Saint-Mandé ainsi que des quartiers du Bel-Air et de Reuilly.

En effet, Saint-Mandé ne peut progresser que par son entourage. Par lui-même il ne peut rien, s'il reste isolé soit du bois de Vincennes, soit de Paris.

Cette vérité est saisissante.

Voyez ce qu'ont fait certains propriétaires dont les immeubles sont bloqués à l'Est comme à l'Ouest de cette Commune. Ils ont improvisé des voies parallèles au bois de Vincennes ; c'est-à-dire du Sud au Nord. Mais ces voies, ne présentant aucun avantage soit dans la direction de Paris, soit du côté du bois de Vincennes, n'ont exercé qu'une action insignifiante sur la valeur des terrains dans cette partie de Saint-Mandé.

L'avenir de cette Commune ne peut être assuré que par son développement dans le sens perpendiculaire à Paris et par un accès direct dans le Bois de Vincennes.

Cette extension d'un côté, cet accès de l'autre, donneraient une plus-value certaine aux terrains des particuliers comme à ceux de la Ville de Paris, en accélérant la construction de charmantes habitations qui ne sont que trop clair-semées aujourd'hui dans la partie médiane de Saint-Mandé.

XXVII

CHARENTON

SAINT-MAURICE. — MAISONS-ALFORT. — CRÉTEIL
SAINT-MAUR. — JOINVILLE-LE-PONT.
NOGENT — FONTENAY — MONTREUIL — BAGNOLET

Charenton a toujours été en contact avec Saint-Mandé par le bois de Vincennes.

Leur intimité est encore plus complète aujourd'hui que la grande promenade à l'Est de Paris vient d'absorber une grande partie de la plaine de Charenton, qui s'est transformée en un parc magnifique ayant pour limite Saint-Mandé vers l'Ouest.

Avant d'interpréter les justes réclamations de Charenton, faisons trêve, pendant quelques minutes, à l'Administration pour rappeler certains faits historiques intéressant cette ancienne Commune.

Le moment de parler de Charenton est d'ailleurs heureusement choisi ; on vient de restaurer et de mettre à neuf son vieux pont, qui a été le théâtre de nombreux événements. Ce pont, qui traverse en ligne droite les deux bras de la Marne, est déjà désigné dans la vie de saint-Merri, qui vivait au huitième siècle, sous le nom de *Pons Carantonis*. C'est pour cette raison que cet ancien bourg fut nommé *Charenton-le-Pont*. Dans l'origine, ce pont était construit en bois, néanmoins sa position avait une grande importance. Les Normands s'en emparèrent et le rompirent en 865. Plus tard, il fut protégé par un fort. Les Anglais, qui s'en étaient rendus maîtres en 1436 en furent chassés l'année suivante.

En 1590, il tombait au pouvoir de Henri IV, qui dut l'abandonner bientôt.

Le 9 février 1649, pendant la guerre civile de la Fronde, le prince de Condé s'en empara. Chanleu, qui commandait dans Charenton pour les Frondeurs, se fit tuer ayant refusé quartier. « Nous y perdîmes, dit le cardinal de Retz dans ses mémoires, *quatre-vingts officiers, il n'y eut que douze ou quinze de tués de l'armée de M. le Prince*.

Le 15 mars 1814, les alliés attaquèrent le

pont de Charenton, qui n'était gardé que par une compagnie de vétérans, un bataillon des élèves de l'École vétérinaire et quelques canonniers pointeurs. La résistance fut héroïque et coûta cher aux colonnes austro-wurtembergeoises, qui s'en emparèrent. — Voilà pour le pont.

En ce qui concerne l'ancien village, il avait déjà conquis une certaine importance au XIIIe siècle. Sa situation heureuse avait séduit nos souverains. Plusieurs y séjournèrent dans une maison de plaisance qu'on appelait encore, en 1578, le *Séjour du Roi*.

Ce fut à Charenton que le régent, depuis Charles V, campa, le 30 juin 1358, à la tête de 30,000 soldats, alors que Paris était au pouvoir du roi de Navarre, Charles le Mauvais. En 1418, une épidémie, la *peste noire*, désolait Paris; des conférences eurent lieu à Charenton entre le duc de Bourgogne et le Dauphin, qui fut depuis Charles VII. Les deux rivaux ne pouvant s'accorder se séparèrent.

Tels sont les faits qui se rattachent à Charenton-le-Pont, qu'on désigne aujourd'hui simplement sous le nom de *Charenton*.

Bien que *Saint-Maurice* soit administrativement séparé de Charenton, l'un et l'autre forment un groupe de population ayant des intérêts semblables en ce qui concerne surtout le bois de Vincennes et leur direction en une seule et même ligne sur Paris.

Saint-Maurice ne porte ce nom officiel et raccourci que depuis 1842. Cette commune, avant cette époque, s'appelait Charenton-Saint-Maurice. C'est pour ainsi dire une longue voie publique entre la lisière du parc de Vincennes et la Marne.

Le 1er août 1606, le roi Henri IV assignait Charenton-Saint-Maurice aux protestants pour les cérémonies de leur culte. Ils y tinrent leur première assemblée, au nombre de 3,000, le 27 du même mois.

Ces religionnaires eurent souvent à souffrir de la haine des catholiques.

Le dimanche 26 septembre 1621, les protestants qui revenaient de leur prêche situé à Charenton Saint-Maurice furent assaillis au Bas-Fécamp (aujourd'hui quartier de Reuilly) par une troupe de furieux, de vagabonds et de voleurs armés.

Les brigands attaquèrent d'abord ceux qui étaient en carrosse, mais la résistance qu'on leur opposa les força de battre en retraite. Ils résolurent alors d'aller détrousser ceux qui se trouvaient sans armes. Sur leur chemin, ils arrêtèrent plusieurs bourgeois qui n'étaient pas protestants, et, sous prétexte de s'assurer s'ils étaient bons catholiques, s'ils portaient des chapelets, ils leur enlevèrent leurs bourses, qui pendaient alors à la ceinture.

Cependant les religionnaires, après avoir soutenu le combat de la vallée de Fécamp se disposaient à rentrer dans Paris par la porte Saint-Antoine, lorsqu'ils furent assaillis de nouveau. Le ministre protestant cherche à calmer ces furieux en leur disant : « Ah ! messieurs, faut-il massacrer des hommes?... le Roi l'a-t-il commandé? » Alors ces pages, ces laquais, ces crocheteurs se jettent sur le ministre en criant : C'est la mort du duc de Mayenne qui est venue jusqu'ici ! Avec leurs épées ils mutilent le ministre d'une manière horrible et vont promener son cadavre dans les rues de Paris.

En 1624, les protestants, mieux protégés,

firent construire à Charenton Saint-Maurice, sur les dessins de Jacques de Brosse, un temple qui pouvait contenir plus de 14,000 personnes.

Ce fut dans ce temple que se tinrent leurs synodes nationaux de 1632 et 1644.

Au mois d'août 1671, dans la nuit, les catholiques essayèrent d'y mettre le feu; les réformés portèrent plainte au Parlement, qui ordonna une information qui fut bientôt étouffée. L'Édit de Nantes, du 22 octobre 1685 révoqua la liberté de conscience accordée aux protestants, et le 29 du même mois, commença la démolition du temple; cinq jours après, l'œuvre de destruction était accomplie et les matériaux abandonnés à l'hôpital général de Paris. La place resta déserte pendant seize ans, puis on y bâtit un couvent pour les religieuses du Saint-Sacrement. Ce couvent, supprimé en 1790, devint propriété nationale et fut vendu en plusieurs lots.

A l'entrée de Saint-Maurice, sur le côté gauche en venant de Paris, on remarque un bâtiment en briques. Cette habitation, qu'on appelle encore aujourd'hui *le Château*, aurait été bâtie par Henri IV pour Gabrielle d'Estrées.

C'est sur le territoire de Saint-Maurice que s'élève l'*Asile Impérial de Vincennes*, auquel nous avons consacré plus haut un article spécial.

Cette Commune renferme également la *Maison Impériale* de Charenton. Ce fut dans le principe un simple hospice fondé en 1644, par Sébastien Leblanc. Il ne contenait qu'une douzaine de lits. — Comprise en 1792, au nombre des domaines nationaux, cette maison fut affectée par un décret de l'an X au traitement des aliénés sous la direction de l'abbé de Coulmiers, ancien membre de l'Assemblée constituante. Sous le Consulat, la maison de Charenton servit également de prison d'État. Un homme tristement célèbre, le marquis de Sade y fut enfermé une seconde fois, en 1804, et y mourut en 1814.

Cet établissement, grâce à de nombreux agrandissements, à d'importantes améliorations. est aujourd'hui une vaste maison de santé pour les aliénés. Elle peut contenir environ 500 malades dont on espère la guérison. Quant aux aliénés réputés incurables, ils sont envoyés à la Salpêtrière et à Bicêtre.

En face de Charenton, sur la rive gauche de

la Marne, est situé *Maisons-Alfort*. En 1764, le ministre des finances Bertin y établit une école vétérinaire d'après le plan de Bourgelat. Le premier directeur de cet établissement fut Chabert, et parmi les professeurs qui l'ont illustré on cite Vicq-d'Azyr, Daubenton, Fourcroy, Flandrin, Girard, Dupuis, etc. En 1814, les élèves de l'école d'Alfort comme nous l'avons dit plus haut, défendirent héroïquemeut le pont de Charenton.

Si nous avons réuni dans le même chapitre Charenton, Saint-Maurice et Maisons-Alfort, c'est que ces trois Communes constituent un groupe de population dont les intérêts sont solidaires, les besoins semblables et les aspirations les mêmes.

En effet, Charenton, au point de vue de ses intérêts collectifs, ne doit pas s'isoler en se renfermant égoïste dans sa circonscription adminisnistrative. Il s'identifie avec Alfort, dont il n'est séparé que par la Marne, il se confond avec le gros de la Commune de Saint-Maurice, dont la démarcation n'est qu'une ligne fictive passant par l'axe de la route de Saint-Mandé.

Ce groupe renferme une population de 11,000 habitants environ se décomposant de la manière suivante :

Charenton	6,190
Saint-Maurice, 4,913, dont la moitié seulement pour la partie contiguë à Charenton, savoir	2,465
Maisons-Alfort 3,444, dont les deux tiers pour la section d'Alfort, c'est-à-dire	2,296
Au total	10,951

Sous le rapport de l'impôt, le groupe dont il s'agit représente le chiffre de plus de 210,000 francs, se décomposant ainsi :

Charenton	146,700 fr.	23
Saint-Maurice, 53,229 fr. 16, dont la moitié pour la fraction contiguë à Charenton est de	26,614	58
Maisons-Alfort, 59,839 fr. 94, dont deux tiers environ pour la section d'Alfort	39,893	30
Au total	213,208	11

Indépendamment de son importance relative, ce groupe de population se recommande à la sollicitude administrative par les établissements qu'il renferme, savoir : l'*Asile des convalescents*, dit *Asile Impérial de Vincennes*, — la *Maison de santé de Charenton*, — l'*École vétérinaire d'Alfort* et le *Fort de Charenton*.

Cette population, qui tend à s'accroître chaque jour par l'agrément que lui procure le voisinage plus immédiat du bois de Vincennes depuis la transformation heureuse de la plaine de Charenton, est desservie :

1° Par les bateaux-omnibus qui viennent jusqu'au pont de Charenton;

2° Par le chemin de fer de Lyon, station de Charenton.

Évidemment il eût été plus avantageux pour les habitants qui constituent cette agglomération, d'être desservis par un chemin de fer de banlieue plutôt que par une grande ligne qui ne saurait tenir un compte sérieux des besoins de ces localités, n'ayant d'ailleurs aux yeux de la Compagnie de Lyon qu'une signification des plus modestes.

L'occasion a été perdue pour Charenton, Saint-Maurice et Alfort lors de l'exécution du chemin de fer de Vincennes, qui les a laissés en dehors de la voie et complétement à l'écart.

Ainsi, sous ce rapport, les améliorations ne sont guère praticables.

Mais en ce qui concerne les améliorations au point de vue de leurs relations avec Paris, ces trois Communes vont faire valoir par notre organe des réclamations bien fondées.

Nous avons posé en principe que la place de la Bastille était la grande voie, le rendez-vous de la population de l'Est pour se répandre ensuite dans tous les quartiers de la Ville.

Or, ce qui manque précisément au groupe de Charenton c'est une communication convenable avec la place de la Bastille.

La seule voie que cette population se trouve forcée de prendre est la rue de Charenton, de la Bastille aux fortifications, puis la route Impériale n° 5, des fortifications au pont de Charenton.

Il ne faut parcourir qu'une seule fois ces deux sections, qui ne forment qu'une seule et même voie, pour souffrir de sa déplorable situation.

En effet, de la place de la Bastille au boulevard Mazas, ou tout au moins à l'hôpital Sainte-Eugénie, la rue de Charenton n'est qu'une ruelle si étroite, que la circulation s'y engouffre comme dans un entonnoir.

De l'ancienne barrière aux fortifications, il faut subir une double montée d'un accès très-difficile aux voitures et très-fatigante pour les piétons.

Telle est la première et la plus juste des réclamations formulées par les habitants.

Lorsque nous avons parlé des projets concernant la place de la Bastille, nous avons dit que la rue de Charenton devait être améliorée.

Mais il est question seulement de faire disparaître l'arc de cercle qu'elle décrit à son débouché si étranglé sur la place de la Bastille. Cette rectification est très-utile sans doute, mais elle ne saurait être considérée comme suffisante.

Il faudrait que la rue de Charenton, pour être une voie convenable et répondant aux nécessités d'une circulation de plus en plus exigeante, fût élargie au moins jusqu'à l'hôpital Sainte-Eugénie, ensuite jusqu'au boulevard Mazas.

On nous objectera que cet élargissement entamerait l'hospice des Quinze-Vingts.

Nous répondrons tout de suite que ce ne serait que l'entrée de cet établissement qui aurait à souffrir, et que d'ailleurs il serait très-facile de la reculer dans l'intérieur, où l'alignement épargnerait toutes les constructions vraiment utiles. L'hospice des Quinze-vingts n'aurait donc à supporter que le déplacement de sa porte d'entrée, et cet inconvénient ne saurait paralyser l'élargissement de cette partie de la rue de Charenton.

Comme toutes les autres Communes qui ne sont séparées de Paris que par les fortifications, Charenton est grandement intéressé à la suppression de la ZONE MILITAIRE, qui frappe de stérilité un immense rayonnement qu'on pourrait utiliser au grand profit des Communes suburbaines. C'est une des questions les plus importantes que nous recommandons à toute la sollicitude de notre Commission.

Elle fera sagement aussi d'étudier un projet de BOULEVARD EXTÉRIEUR à 300 mètres environ des fortifications. Alors s'établirait entre les différentes Communes limitrophes de Paris une communication précieuse d'utilité publique comme celle qui existait avant l'annexion d'une partie de l'ancienne banlieue et dont la création était due aux fermiers généraux, lors de la construction, en 1784, du mur d'octroi de Paris.

Il est d'autres Communes dont le contact est moins immédiat avec la ville de Paris, mais dont l'existence et la prospérité ont été les heureuses conséquences de leur voisinage du bois de Vincennes. Parmi ces Communes, *Créteil*, *Saint-Maur*, *Joinville-le-Pont*, *Nogent* et *Fontenay* sont les plus intéressées.

Notre Commission sera toujours désireuse d'attirer dans son sein tous les hommes de dévouement qui appartiennent à ces localités. Nous étudierons avec soin leurs réclamations à cette fin de les interpréter dignement.

Déjà des communications nous sont adressées par un des notables habitants de Créteil, et nous nous empressons de les reproduire, comme nous le ferons lorsque les autres Communes nous signaleront des vérités utiles.

« Créteil compte 2,500 habitants à peu près. L'archevêque de Paris y possède une belle propriété qu'il habite pendant l'été. L'Administration de l'Assistance publique y compte quatre ou cinq fermes importantes. Il y a quelques semaines, une réunion d'orphéonistes avait attiré dans Créteil plus de 15,000 personnes. Enfin, il s'y produit un grand mouvement de va-et-vient qui ne demande qu'à se développer encore.

« Malgré tous ces avantages, nous sommes toujours obligés d'avoir recours au vieux système des diligences. Le chemin de fer de La Varenne n'est pourtant qu'à une distance très-faible. L'on pourrait la franchir en quelques instants par l'établissement d'une *passerelle* qui prendrait du quai de la Marne (côté de Créteil) et viendrait aboutir à l'île de Jambon, lieu bien connu des canotiers de Paris. On se trouverait juste en face du débarcadère, station de Saint-Maur-Créteil. Cinq minutes enfin relieraient tout ce pays avec la voie ferrée. Notez que dans cet endroit, depuis la construction du canal de Saint-Maur, prenant la Marne à Joinville et l'amenant à Charenton, cette petite rivière, en face de Créteil et de Saint-Maur, n'est plus qu'un ruisseau, et que la passerelle à établir ne coûterait qu'une somme insignifiante en échange des ressources qu'un péage pourrait procurer si toutefois il fallait arriver à ce système. »

Retournons maintenant près des fortifications.

En ce qui concerne *Montreuil*, *Bagnolet* et *Romainville*, le grand intérêt pour ces Communes est dans la transformation de la *Voie militaire* et l'exécution des *Rues et Boulevards*, décrétés au profit du XXe arrondissement de Paris.

Les différentes sections de la voie militaire ont été formées conformément à la loi du 3 mai 1841, mais sur une largeur à peu près uniforme et toujours insuffisante de 12 mètres.

Un décret impérial du 9 septembre 1861 fixe à 40 mètres la largeur de la voie militaire.

Un second décret, du 2 mars 1864 assigne à chacune des différentes sections qui composent cet immense rayonnement autour de Paris le nom d'un maréchal de France du premier Empire.

Dans l'exposé des motifs du projet de loi ayant pour but d'autoriser la ville de Paris à émettre, en 1860, 287,618 obligations de 500 francs, M. le Préfet de la Seine avait porté *à un peu plus de* 18 *millions* la dépense que devait entraîner l'acquisition de la bande de terrain de 22 mètres nécessaire à compléter la largeur uniforme que le baron Haussmann estimait indispensable pour la voie militaire.

Or le développement de cette zone immense est d'environ 34,000 mètres ; en les multipliant par 22 on trouve une superficie totale de 748,000 mètres. Comme l'assurait le magistrat, l'acquisition de cette zone de 22 mètres devant coûter un peu plus de 18 millions, le mètre superficiel revenait donc à la Ville à près de 25 francs.

Successivement maîtresse de cette énorme superficie de 748,000 mètres, l'Administration municipale eût dit : « J'entends avoir raison de la cherté calamiteuse des petites locations, laquelle, avec l'élévation douloureuse du prix des denrées, pèse cruellement sur nos classes laborieuses. Je vends par petits lots ces terrains au prix qu'ils m'ont coûté; mais comme des terrains en bordure d'une grande voie sont exceptionnellement avantageux à 25 francs le mètre, j'impose à tous les acquéreurs l'équitable obligation de construire dans un délai qui n'excédera pas dix-huit mois.

Se fait-on une idée des résultats immanquables d'une pareille opération si facile et si pure? — On l'a dédaignée cependant.

Parmi les hôtels princiers qu'on a jetés récemment par terre dans les rues de la Paix, Louis-le-Grand et le boulevard des Capucines, huit seulement ont coûté plus cher à la Ville qu'elle n'eût dépensé pour la transformation complète de la voie militaire.

Montreuil et Bagnolet, comme le XXe arrondissement, ont à réclamer l'élargissement de la section de la voie militaire qu'on appelle *Boulevard Davout*. Ce boulevard commence au cours et à la porte de Vincennes et se développe dans une longueur de 1,900 mètres jusqu'aux rue et porte de Bagnolet.

La nouvelle Commune des Lilas et celle de Romainville doivent en faire autant pour ce qui a rapport au *boulevard Mortier*.

Au surplus notre Commission s'occupera tout particulièrement de la question relative à la voie militaire.

En ce qui concerne les rues et les boulevards projetés en faveur du XXe arrondissement, les Communes de Montreuil, Bagnolet, des Lilas et de Romainville doivent en réclamer l'exécution, qui leur sera essentiellement profitable.

Nous avons donné la description de ces voies au chapitre consacré au XXe arrondissement.

Il est une autre question qui intéresse la nouvelle banlieue de Paris, c'est *la Taxe des lettres*. Par exemple, on paye à Saint-Mandé, qui touche à Paris, pour le port d'une lettre, 20 centimes, comme à Marseille, qui se trouve à 794 kilomètres de la Capitale.

Notre Commission officieuse devra s'occuper également de la question relative à *la Mendicité*. Elle constitue un délit dans les rues de Paris, elle jouit de l'impunité dans la banlieue : aussi c'est une lèpre.

XXVIII

Comme on l'a vu, les intérêts des quartiers de l'Est de Paris se lient essentiellement à la transformation des Communes limitrophes de cette partie de la ville. Ce qui favorise les uns doit profiter aux autres. Cette vérité explique le titre de notre ouvrage :

LES QUARTIERS DE L'EST DE PARIS
et les Communes suburbaines.

Ici, abordons certaines considérations de l'ordre le plus élevé.

Les grandes existences, les fortunes princières tendent à se fixer de plus en plus dans les quartiers qui avoisinent le bois de Boulogne accessible de toutes parts.

Le bois de Vincennes a d'autres destinées qui, sans être aussi brillantes, lui promettent cependant un bel avenir.

Ce ne sont pas les fortunes princières, les grandes existences qui viendront lui demander de l'air, de la lumière et des plaisirs.

De modestes commerçants, d'honnêtes industriels, qui, à force d'intelligence et d'économie, ont pu conquérir une certaine aisance, viendront de préférence y chercher le repos et le bien-être que toute une vie de labeur a sanctifiés.

Comme les classes moyennes de notre société parisienne sont plus nombreuses que les riches, l'aisance se généralisera dans les Communes groupées autour du bois de Vincennes, principalement à Saint-Mandé, si l'on sait tirer parti des principes de fécondation que ces Communes renferment.

Les classes laborieuses fréquenteront de plus en plus, les jours de fête, le bois de Vincennes; mais elles ne sauraient se fixer dans les Communes qui l'entourent, pas plus à Saint-Mandé qu'à son extrémité opposée.

Il est une vérité que les regards des véritables administrateurs découvrent chaque jour, plus évidente et plus sensible alors qu'ils suivent le déplacement de la population ouvrière du centre de Paris aux extrémités de la ville.

Le flot de cette marée montante cherche à s'étendre au Nord-Est, envahissant surtout les anciennes Communes de Belleville, de Ménilmontant et de Charonne.

Pourquoi? Parce que les immenses terrains qu'il rencontre n'opposent aucun barrage à ces envahissements; parce que ce territoire Nord-Est est encore le plus rapproché des quartiers du Temple, Saint-Martin et Saint-Denis.

Dans ces quartiers du centre sont groupés les magasins de vente; dans les XIXe et XXe arrondissements s'improvisent les ateliers de fabrication.

En ce qui concerne Saint-Mandé, du côté de Paris, vers les quartiers du Bel-Air et de Reuilly, déjà s'opère une transformation des plus heureuses pour ce territoire.

Les maraîchers, en grand nombre encore il y a trente années dans ces parages, tendent à disparaître aujourd'hui. Autrefois ils dominaient, parce que les produits qu'ils tiraient du sol étaient avantageux en raison du bas prix relatif de leurs terrains.

Mais depuis l'achèvement de nos voies de fer qui toutes rayonnent sur Paris, les légumes, les fruits arrivent de partout en profusion dans la grande Ville. — De là une concurrence redoutable.

Mais tandis que, d'un côté, les revenus qu'ils tiraient du sol ont baissé par l'effet de cette concurrence, de l'autre, le prix de leurs terrains s'est angmenté en raison des immenses travaux exécutés dans Paris.

Il en résulte qu'il y a pour eux maintenant plus d'avantages à vendre leurs champs qu'à les cultiver ; voilà pourquoi les maraîchers disparaissent un à un.

Le moment est donc arrivé de profiter de cette émigration pour utiliser, dans un intérêt général, ces terrains disponibles, ou qui vont l'être, par un ensemble d'améliorations réagissant heureusement sur nos quartiers de l'Est, ainsi qu'au grand profit de Saint-Mandé.

Malheureusement, les classes moyennes manquent d'initiative en administration comme en politique ; elles subissent le contre-coup des passions hostiles à leur nature ou s'endorment dans une insouciante oisiveté qui les paralyse.

L'intelligence et le talent ne font pas défaut aux classes moyennes ; c'est l'esprit d'association qui leur manque. En fait d'améliorations des quartiers pauvres de Paris, lorsqu'elles ont secoué leur torpeur, quand elles se sont mises résolûment à l'œuvre, les résultats ont été significatifs et les moissons abondantes.

Citons un fait qui doit servir d'enseignement aux habitants des quartiers de l'Est de Paris.

Tout l'ancien XIIe arrondissement,—dont faisaient partie les quartiers hideux de Saint-Marceau et de Mouffetard, — croupissait depuis des siècles dans la fange de ses ruelles étroites et sombres, de complicité permanente avec les épidémies qui fauchaient de préférence la population pauvre. Un jour la propriété se lassa de cet isolement et de cet abandon d'autant plus injustes, d'autant plus cruels que les autres parties de la Ville étaient toutes en voie de prospérité.

Les principaux habitants de ces tristes localités se groupèrent et formèrent, en 1850, une Commission qui réunit dans son sein des notabilités empruntées à la Science, à l'Administration, au Commerce et à l'Industrie. Chacun se mit à l'œuvre dans sa spécialité, apportant sa part d'intelligence et de dévouement à la ruche commune ; tous avec le désir de bien faire.

Le XIIe arrondissement fut étudié d'après un système d'ensemble et de manière à donner satisfaction aux nécessités qui s'accusaient chaque jour plus impérieuses.

Après plusieurs années d'efforts, sait-on ce que le XIIe arrondissement a vu se réaliser à son profit ?

Les boulevards Saint-Marcel, de Port-Royal, Arago ; l'élargissement de la rue Mouffetard ; la Halle aux Cuirs ; la rue des Écoles ; enfin, plus de trente millions de travaux qui ont assaini, amélioré, transformé cette partie de la Ville autrefois si déshéritée.

Les terrains, dont le prix ne dépassait pas dans ces quartiers, en 1850, 30 francs le mètre, valent 80 et 100 francs aujourd'hui.

Tels sont les résultats obtenus par la fusion des intérêts, par la concentration des efforts dans un but déterminé.

Eh bien ! ce qui a été fait si habilement pour le XIIe arrondissement, dans des temps plus difficiles que les nôtres, il faut l'entreprendre dans l'intérêt des quartiers de l'Est de Paris et pour l'amélioration des Communes qui les avoisinent.

On va voir combien notre Commission peut être profitable à la Ville de Paris et surtout à nos quartiers de l'Est.

Certes, nous avons exalté les heureuses créations qui se sont réalisées dans l'intérêt de la splendeur et de l'assainissement de la Capitale, mais cette belle médaille a un triste revers ; on y lit ces mots : *Exagération des grands travaux au profit des quartiers riches de l'Ouest. — Taxes d'octroi de Paris frappant nos ouvriers et nos artisans au moment ou les améliorations du centre de la Ville les refoulent dans l'ancienne banlieue devenue parisienne. — Situation financière proclamée très-brillante chaque année et déplorable en réalité. — Cessation des travaux à la veille des élections dans tous les chantiers de la zone annexée. — Chute du Préfet de la Seine quand la caisse municipale est vide.*

Si la grande voix de Paris avait pu s'élever jusqu'au Souverain, elle eût imposé une meilleure et plus équitable distribution des ressources de la Ville; elle eût certainement calmé cette folie fiévreuse de dépenses s'élevant à deux milliards en dix-sept années pour tomber ensuite dans une atonie qui est l'image de la mort; elle eût réclamé un contrôle plus efficace des actes du Préfet de la Seine par un Conseil municipal *élu*, remplaçant une Commission qui a laissé sombrer le vaisseau de la Ville de Paris.

Comment, le dernier des paysans de la Champagne pouilleuse ou de la Savoie récemment annexée, dont toute l'intelligence se mesure aux mouvements de sa charrue traçant toujours les mêmes sillons, jouirait de certaines prérogatives, exercerait des droits refusés à la Ville de Paris, d'où part le rayonnement qui éclaire le monde!

Dire à plus d'un million de Parisiens qui constituent dans les lettres, dans les sciences, dans les arts la véritable grandeur de la France : Vous serez à tout jamais dans Paris étrangers à la défense de vos intérêts de fortune et de famille ; on vous refusera toute espèce d'initiative en fait de beaux-arts ; on dépensera, d'un côté, plus de cent millions pour les abords de l'Opéra ; on vous mettra ce théâtre géant sur une place pygmée, on l'emballera dans une boîte comme un colis.

De l'autre, on verra de pauvres femmes d'ouvriers, de bonnes ménagères, disputer à la fange de nos rues l'eau qui s'échappe clandestinement des bouches sous-trottoirs. Par ici la profusion scandaleuse, par là une parcimonie cruelle. Tout cela se poursuivra sans nous permettre une observation? allons donc ! Cette administration-là ne saurait se continuer; place à une autre plus juste, plus équitable, parisienne enfin!

Mais c'est surtout en ce qui concerne l'exécution du *Plan d'ensemble de Paris* que les propriétaires auraient dû se réunir, se grouper, pour arriver à une répartition plus équitable dans les améliorations de la Ville.

Si ces associations eussent existé, les quartiers de l'Est de Paris ne se trouveraient pas aujourd'hui dans une situation d'infériorité si fâcheuse par rapport aux quartiers de l'Ouest.

Exposons les principes qu'il importait, selon nous, de faire prévaloir ; il fallait :

» 1° Étudier le Plan de Paris jusqu'aux fortifications ;

» 2° Combiner tous les projets de manière à
» faire rayonner librement la circulation, du
» centre aux extrémités de la Ville ;

» 3° Se tenir tout prêt, lors de l'annexion à la
» Capitale des Communes suburbaines, à com-
» penser, par des améliorations instantanées, le
» préjudice causé à ces localités par l'octroi de
» Paris ;

» 4° Les études terminées, soumettre le Plan
» d'ensemble à une enquête publique, d'une
» durée d'au moins trois mois, pour que les in-
» téressés eussent le temps de formuler utilement
» leurs opinions ;

» 5° L'enquête achevée, en faire connaître les

» résultats au Conseil Municipal, convoqué ex-
» traordinairement à cet effet, et chargé de classer
» les différents projets par degrés d'utilité
» générale, devant impliquer nécessairement
» l'ordre et l'époque de leur exécution ;

» 6° Établir une distinction indispensable
» entre les voies à réaliser par l'Administration
» et celles à confier à des Compagnies financières,
» mais en classant tous les percements par degrés
» d'utilité ;

7° Dresser les plans et faire les devis des voies
» à concéder — indiquer pour chacune d'elles la
» subvention accordée par l'Administration —
» convier toutes les Compagnies à l'exécution
» successive de cette partie du plan de Paris —
» les obliger à fournir en temps et lieu un cau-
» tionnement — se décider enfin en faveur
» de celles qui offriraient à la Ville le plus
» d'avantages et donneraient les meilleures ga-
» ranties ;

» 8° Rendre publics : — le classement des
» projets arrêtés, — les époques déterminées
» pour leur exécution, — les différentes subven-
» tions accordées par la Ville, — les soumissions

» adressées à l'Administration par les Compagnies, » — le texte des délibérations du Conseil Municipal, approuvant les traités passés entre le » Préfet de la Seine, agissant au nom de la Ville » de Paris, et les Sociétés concessionnaires. »

Tels étaient les principes qui nous avaient servi de guides dans la rédaction d'un Mémoire que nous adressâmes au Conseil Général de la Seine en 1850 (1).

---

(1) *Commission départementale faisant fonctions de Conseil Général de la Seine.* — Séance du 5 novembre 1850. — Présidence de M. Lanquetin. — Sont présents : MM. d'Argout, Bixio, Bonjean, Boulatignier, Bourdon, Chevalier, Delestre (rapporteur), Devinck, Didot (Firmin), Dupérieur, Eck, Fleury, Flon, Garnon, Legendre, Lejemptel, Manceaux, Moreau (Auguste), Moreau (de la Seine), Moreau (Ernest), Pelouze, Périer, Peupin, Picard, Possoz, Prélard, Ramon de la Croisette, Ribérolles, Riant, Say (Horace), Ségalas, Ternaux (Mortimer), Thayer (Édouard), Thibaut (Germain), Thierry, Tronchon, Vavin.

Le même rapporteur, M. Delestre, entretient la Commission d'un autre mémoire, coté B, dans lequel M. Louis Lazare appelle l'attention du Conseil Général sur la nécessité d'établir, en vue des besoins que peut présenter *un avenir assez prochain*, UN PLAN D'ENSEMBLE DES RUES DE PARIS, en coordonnant leur direction avec celles des grandes voies de communication situées à l'extérieur de la Ville. Cette idée a paru présenter un certain degré d'intérêt au Comité, qui propose, en conséquence, à l'approbation de la Commission la délibération suivante :

De la théorie passons tout de suite à l'application. Voici le résumé de notre travail :

Le plan de Paris est étudié, — on le soumet à une enquête sérieuse et publique. — Tous les intéressés y prennent part. — L'Administration municipale propose le classement des voies, l'Autorité sanctionne, et le Préfet annonce que telle rue considérée comme la plus précieuse d'utilité générale aura son exécution, par exemple,

---

« La Commission départementale, considérant qu'il est dans l'intérêt du département de la Seine de coordonner les voies de circulation dans *l'intérieur* de Paris avec les grandes voies de communication de *l'extérieur*, délibère :

» M. le Préfet est invité à nommer une Commission à l'effet d'étudier et de proposer un plan d'ensemble d'alignement des rues de Paris considérées dans leur rapport avec les abords des chemins de fer et des routes nationales et départementales. » (Pages 111 et 112 du volume.)

Notre premier Mémoire au Conseil Général de la Seine (Mémoire coté A) concernait les façades symétriques et monumentales de nos places publiques, telles que les places *Royale*, *Vendôme* et *des Victoires*, dont l'architecture avait subi des altérations regrettables par le fait des propriétaires et de la négligence de l'Administration.

A l'unanimité, le Conseil Général émit le vœu de faire respecter l'architecture de ces monuments, dont les dégradations se continuent malheureusement encore aujourd'hui.

en 1866, 67, et 1868, en trois sections non interrompues, et ainsi de suite pour les autres percements.

Donc la propriété, le commerce et l'industrie sont bien et dûment avertis.

Le propriétaire, sachant qu'il sera exproprié telle année, puis payé six mois après, prend ses mesures pour une nouvelle acquisition ; le commerçant a tout le temps de chercher à son aise de nouveaux magasins, l'industriel un emplacement à son gré et qu'il dispose selon ses besoins.

Ainsi toutes les transactions s'opèrent avec facilité, parce qu'elles reposent sur une vérité et s'appuient sur une certitude.

Dans l'exécution du plan de Paris, en suivant le système que nous avons exposé, qui donc aurait eu, nous ne disons pas le droit, mais l'indignité de se plaindre?

L'Administration municipale? mais la publicité et la concurrence dont elle a cru devoir se passer eussent sauvegardé ses finances en lui conciliant les sympathies de ses administrés.

La Propriété, le Commerce, l'Industrie? mais le plan de Paris soumis à une enquête publique devenait l'œuvre de tous. La priorité étant acquise aux travaux les plus urgents et les plus utiles, qui donc eût osé mettre en opposition son intérêt privé avec l'intérêt général ?

D'ailleurs, le propriétaire eût été libre de faire à sa maison toutes les améliorations utiles, tous les changements nécessaires; mais par le fait seul de cette publicité que nous exaltons parce qu'elle oblige, quel propriétaire, sachant son expropriation prochaine, eût consenti des baux à longs termes ?

Le Jury, dont la religion précisément éclairée par la déclaration de la Ville d'exécuter le percement à telle ou telle époque, le Jury eût fait justice de cette spéculation faite en vue de se créer un revenu factice pour obtenir une indemnité plus forte.

Sans doute, tel propriétaire eût été exproprié bientôt, tel autre plus tard ; mais pour tous, nous le répétons, l'attente n'avait rien de compromettant alors que l'époque se trouvait fixée et que, dans l'intervalle, tout ce qui est juste, tout ce qui est utile ne pouvait lui être légalement défendu.

Quant au locataire commerçant ou industriel,

l'exécution ainsi comprise du Plan de Paris lui eût été favorable également. Défense à l'Administration de traiter avec le propriétaire en écartant le locataire pour laisser épuiser son bail et le mettre ensuite à la porte, sans indemnité, ruiné.

L'annonce certaine et publique de l'exécution successive de nouvelles voies aurait eu, entre autres avantages, celui d'établir une heureuse coïncidence entre la durée des baux et l'époque fixée pour la réalisation des percements. Mais doit-on supposer pour cela que le locataire eût été sans aucun droit à une indemnité, le bail étant épuisé au moment de l'expropriation? Le contraire aurait eu lieu; l'équité du Jury, à défaut d'arrangement amiable avec la Ville, eût déterminé l'allocation due à l'exproprié locataire, en raison de l'ancienneté ou de l'importance de sa maison de commerce ou de son établissement industriel.

Le Préfet de la Seine, M. Haussmann a étudié, puis exécuté le plan de Paris à sa manière, à sa convenance, c'est-à-dire sans publicité, sans concurrence. Il a commencé l'exécution de ses projets ici, là, partout, selon son bon plaisir.

L'opinion publique a-t-elle été consultée sur l'utilité générale de ces créations? Pas le moins du monde. L'autocrate municipal s'est borné à soumettre à des enquêtes partielles des tronçons de rues ou de boulevards dont il était impossible de discuter la convenance, encore moins l'utilité.

En ce qui concerne les Compagnies financières, loin de provoquer la concurrence en les conviant à l'exécution d'une partie du plan d'ensemble de Paris, le public n'a connu les préférences de M. le Préfet qu'au moment où ces capitalistes se sont mis en rapport direct avec les expropriés. Les concessions de rues ou de boulevards ont été données comme on accordait autrefois les privi-léges pour l'exploitation des théâtres.

En plusieurs circonstances, les propriétaires ont été convoqués par de hauts personnages plus ou moins intéressés dans ces spéculations.

Trois associés concouraient parfois à ces opérations clandestines :

1° L'homme de paille,
Sans sou ni maille,

mais servant d'étiquette à l'affaire;

2° Le capitaliste fournissant les fonds ;

3° L'homme influent dont le crédit et les relations pouvaient assurer la concession.

La haute intervention de ce troisième personnage, toujours titré, le *Deus ex machinâ*, était-elle pure, sans alliage, ou ruolzée?

S'il ne ressentait qu'une affection bien tendre, toute paternelle, pour la ville de Paris, cette belle mineure, c'était un Saint-Vincent-de-Paul de la spéculation ; qu'on présente requête au Saint-Père pour le canoniser.

Mais si ce troisième personnage, renouvelé des Grecs, trafiquait de sa haute position, pour grossir tout à coup et sans risque une fortune toujours insuffisante, ces sortes d'opérations lucratives et véreuses n'étaient-elles pas au détriment du budget de la ville de Paris?

Le seul moyen d'épargner à l'Administration municipale toutes ces suppositions devait être de convier, par la publicité toutes les sociétés financières auxquelles on réservait l'exécution d'une partie du plan d'ensemble de Paris et de n'accorder la préférence qu'à celles qui eussent offert à la ville de Paris les plus grands avantages et les meilleures garanties.

En ce qui concerne les terrains dont l'Administration municipale s'est trouvée successivement en possession et dont la valeur a dépassé en certaines années *cent millions*, c'est exceptionnellement que l'ancien Préfet de la Seine en a publiquement annoncé la vente. Ils ont été généralement aliénés sans publicité, sans concurrence, c'est-à-dire au grand détriment des finances municipales.

Si M. le baron Haussmann nous répondait que des tentatives de publicité se sont renouvelées pendant son administration et que ces tentatives n'ont pas été suivies de succès, nous lui répliquerions : Cet insuccès provenait de ce que vous annonciez ces terrains à des prix si élevés qu'ils faisaient fuir les acheteurs en étranglant la concurrence.

Ce sont les quartiers de l'Est qui ont eu à souffrir principalement du mode d'exécution du plan de Paris, parce que dans ces localités, pour la plupart déshéritées, la spéculation ne pouvait être aussi lucrative que dans les quartiers de l'Ouest, où l'accumulation des grands travaux déterminait instantanément une hausse considérable dans le prix des terrains.

Comme on le comprend aisément, un pareil système aurait été d'une application impossible si les propriétaires, après s'être groupés dans nos arrondissements de l'Est, eussent élevé de justes et mâles protestations.

Si notre Commission doit accepter forcément les faits accomplis, que le passé soit au moins un moule brisé. Occupons-nous du présent et songeons à l'avenir.

Rattachons à notre association tous les dévouements utiles, toutes les individualités intelligentes. Étudions, creusons toutes les questions qui se rattachent à l'Administration municipale, à cette fin sinon de procurer à nos quartiers des améliorations luxueuses que nous n'ambitionnons pas, mais pour qu'ils obtiennent au moins ce qu'on ne peut leur refuser sans injustice, ce qu'on leur doit : le strict nécessaire.

Plusieurs d'entre les membres de notre Commission ont reconnu la nécessité d'un organe pour reprendre une à une toutes les questions que nous avons soulevées dans cet ouvrage, pour répéter les vérités que nous avons signalées, afin d'exercer une influence légitime sur les actes de l'Administration municipale.

Ils ont pensé que l'Écrivain ayant commencé la défense de nos quartiers de l'Est dans un livre, méritait de la continuer dans un journal.

Si la Commission *tout entière* nous conférait l'honneur d'interpréter dans une feuille administrative les besoins et les vœux de nos arrondissements de l'Est et des Communes suburbaines, *la Revue Municipale*, sacrifiée trois fois, reparaîtrait.

Nous n'avons pas besoin de dire quels sont nos principes administratifs, nous les professons depuis trente années, — *la Revue Municipale* se continuerait.

LOUIS LAZARE.

1515 Paris. — Typ. Morris père et fils, rue Amelot, 64

www.ingramcontent.com/pod-product-compliance
Ingram Content Group UK Ltd.
Pitfield, Milton Keynes, MK11 3LW, UK
UKHW020316230726
13925UKWH00002B/450